山水舟行
江南的景观

吴中博物馆（吴文化博物馆）
常熟博物馆 编

溯源山水精神／解构山水关系／塑造山水城市

上海古籍出版社

编辑委员会

主编：陈曾路、谢金飞

执行主编：陈小玲

特约编辑：郭笑微、陶元骏

资料：郭笑微、马鸣远、郑伟、王铭钰、陶元骏、范金燕、杨行操、钱珂、钱佳琪、白宇

绘图：郭笑微、郑伟

文物图片：吴中博物馆（吴文化博物馆）、常熟博物馆、故宫博物院、浙江省博物馆、苏州碑刻博物馆、苏州市吴中区图书馆

展览支持单位

故宫博物院

浙江省博物馆

苏州碑刻博物馆

苏州市吴中区图书馆

前　言

"千岩竞秀，万壑争流，草木蒙笼其上，若云兴霞蔚"，江南的景观令人神往。境内繁密的水网，秀丽的山川以及丰饶的物产奠定了江南地区优越的自然环境基调。其后，经历代对景观的不断开发、整治，逐步构建出江南水乡城市的人居格局。在人们构筑栖境的过程中，对自然山水的认知也在不断深化。从敬畏山水、崇拜山水，到利用山水、审美山水，再至营建山水城林、居于山水之间，江南文化中的山水精神贯穿始终。

构建当代山水城市，即是掌握山水精神的核心——乐居山水，使自然景观与人工环境协调发展。通过溯源山水精神，我们可以更加了解江南历史时期人地关系的变迁，更好的地传承古代先贤人居环境的营造理念。用解析山水关系的方式，一览古人如何对山水进行空间布局、巧妙经营，为塑造当代山水城市提供借鉴。山得水而活，水得山而媚，城得山水而灵，江南的山—水—城自古紧密相连。

目 录

001 / 导读

003 / 江南的"小桥流水"意象何以形成
018 / 山川崇拜与仙山信仰——魏晋之前的山水审美
025 / 满船书画同明月——江南的行旅、书画与生活
032 / 园居·舟行

040 / 第一单元　溯源山水精神

041 / （一）依水而生
070 / （二）临水而战
090 / （三）凭水而思

128 / 第二单元　解构山水关系

129 / 舟行
163 / 山行

202 / 第三单元　塑造山水城市

203 / 水网
211 / 城林
220 / 栖境

导读

赵世瑜 / 江南的"小桥流水"意象何以形成

陈谷香 / 山川崇拜与仙山信仰——魏晋之前的山水审美

陆蓓容 / 满船书画同明月——江南的行旅、书画与生活

陶元骏 / 园居·舟行

江南的"小桥流水"意象何以形成

赵世瑜

大概没有人反对说,"小桥流水"是江南水乡的典型意象。有人撰文说,"小桥、流水、人家,窄窄的石板路,还有白墙黑瓦的老屋,无疑是最容易唤起中国人文化乡愁的视觉符号"。[1]对于研究者来说,"有关江南水乡古镇的专著和论文已有很多,而几乎所有的描述都会引用'小桥流水人家'这一话语来分析"。[2]的确,"小桥流水"更多地被用来表达江南古镇的景观,而江南古镇似乎又成为"江南水乡"的最具代表性的表征。

一、文学作品中的"小桥流水"

在文学作品中,对江南地区这种景观特点的描述并不太晚。唐末杜荀鹤的诗《送人游吴》道:"君到姑苏见,人家尽枕河。古宫闲地少,水港小桥多。夜市卖菱藕,春船载绮罗。遥知未眠月,乡思在渔歌。"[3]诗中的"水港小桥多"就是描述的小桥流水景象了,不过从"闲地少""夜市""载绮罗"来判断,这应该是描述的姑苏城里的景况。

金代董解元《西厢记》中有一曲:"落日平林噪晚鸦,风袖翩翩催瘦马,一径入天涯。荒凉古岸,衰草带霜滑,瞥见个孤林端入画,离落萧疏带浅沙。一个老大伯捕鱼虾,横桥流水,茅舍映荻花。驼腰的柳树上有渔槎,一竿风旆茅檐上挂。澹烟消洒,横锁着两三家。"[4]马致远那首著名的小令便脱胎于此,所谓"横桥流水"即"小桥流水",不过董解元系山西泽州人,《西厢记》亦以山西蒲州为背景,所以董解元在曲中描述的景色是否来自一种江南意象并不确定。

从这两篇作品来看,前者大体上是实景的文学再现,后者虽然具有实景的基础,但主要是一种渲染气氛的文学意象,在此后这一主题的作品中,经常能看到这两种不同的类型,需要在文本分析中加以区别。

最早在作品中出现"小桥流水"一语的大概是唐末至宋初人刘兼的《访饮妓不遇招酒徒不至》:"小桥流水接平沙,何处行云不在家。毕卓未来轻竹叶,刘晨重到殢桃花。琴樽冷落春将尽,帏幌萧条日又斜。回

---

[1] 多布:《除了小桥流水,乌镇还有什么》,《宁夏画报》(时政版)2018年(Z1)。类似的表述很多,如"小桥、流水、人家的水乡格局成为永恒的记号"(《摇橹声声慢,枕水忆周庄》,《江南论坛》2017年第11期);"西塘除了拥有大家都具备的小桥、流水、人家的水乡风情和精巧雅致的民居建筑之外,更多地飘逸着一股浓郁的历史文化气息"(张艺:《西塘:江南水乡的别样魅力》,《宁波通讯》2014年第20期)。
[2] 张松:《小桥、流水、人家——江南水乡古镇的文化景观解读》,《时代建筑》2002年第5期。
[3] [唐]杜荀鹤:《唐风集》卷上,《贵池唐人集》卷13,第1页上,民国贵池先哲遗书本。宋刻本《杜荀鹤文集》"绮罗"作"骑罗"。
[4] [金]董解元:《西厢记》卷6,明嘉靖刻本,第10页上—下。原刻本作"横檎流水",但后人均勘作"桥"。

首却寻芳草路，金鞍拂柳思无涯。"[1]刘兼是长安人，曾为荣州刺史，荣州在今四川荣县一带，从《全唐诗》中所收他的诗作来看，多数是描述蜀中景色与心境的。诗中的毕卓是东晋时人，好饮酒，放荡不羁；刘晨是传说中的东汉时人，曾在天台山采药时遇到仙女，后不知所踪，作者用此两典以表明其身处蛮荒又无人相伴的无聊心境。

很明显的是，从北宋开始，在文学作品中使用"小桥流水"这一固定搭配的修辞者突然增多，这固然与印刷术的使用导致了更多文人作品的留存有关，也与宋代文人数量的大增有关，但最重要的是宋代形成了某些模式化的文人意趣，而"小桥流水"则成为这种文人意趣的重要意象之一。《画山水赋》据说是唐末五代人荆浩写的一篇画论，其中说：凡画山水，意在笔先。丈山尺树，寸马豆人，此其格也。……远山不得连近山，远水不得连近水。山腰回抱，寺观可安，断岸乱堤，小桥可置。有路处人行，无路处林木。岸断处古渡，山断处荒村。水阔处征帆，林密处店舍。……[2]在"断岸乱堤"的水畔，小桥成为山水画中的适当要件，关键是这似乎并不限于描绘江南景物的题材。

在这个过程中，名人佳作的传播和影响力也不可忽视。苏轼在做黄州知府时曾写下一首《如梦令春思》："手种堂前桃李，无限绿阴青子。帘外百舌儿，惊起五更春睡。居士，居士，莫忘小桥流水。"后来陆游途径黄州，专门跑去那个叫"东坡"的地方，参观了苏轼当年居住的雪堂，"正南有桥，榜曰'小桥'，以'莫忘小桥流水'之句得名。其下初无渠涧，遇雨则有涓流耳"。[3]陆游都因苏轼的词作专门跑去踏访，且在自己行于鄱阳湖南岸的进贤时写作的词中使用此语："欹帽垂鞭送客回，小桥流水一枝梅"，[4]其在文人中的传播可知。同样的，苏轼词中的"小桥流水"不仅是在湖北黄冈，而且只是一条季节性的水道，与江南的情景截然不同。

从宋代开始，"小桥流水"在文人诗词中不断出现，即便是基于亲临其境的实景描写，也在作者对不同地方的抒情感怀中涌现。比如高观国的《留春令·淮南道中》："断霞低映，小桥流水，一川平远。柳影人家起炊烟，髣髴似江南岸。"[5]这已经把"小桥流水"视为狭义江南的专属意象了。再如林季仲的《春日郊行》："困倚春风半醉醒，小桥流水欲相平。晚蹊窈窕行桃李，野老逢迎略姓名。浦溆远兼江色暝，凫鸥回立夕阳明。

---

① [清]彭定求等：《全唐诗》卷766，第11页下，清文渊阁四库全书本。
② [五代]荆浩：《画山水赋》，第1页上—3页上，清文渊阁四库全书本。
③ [宋]陆游：《入蜀记》卷4，影宋本，第10页上—下。
④ [宋]陆游：《定风波·进贤道上见梅赠王伯寿》，《渭南文集》卷49，四部丛刊影明活字本。
⑤ [宋]高观国：《竹屋痴语》不分卷，第33页下，明刻宋名家词本。

田家作苦吾何恨，无补公家合退耕。"[1]此诗描写的是江边的情景，末句说的是江边那种时涸时淹的草洲，农民辛勤开垦后却常被水淹而无获，不如不向官府承种。高观国，南宋山阴人；林季仲，两宋之际人，久在婺州为官，他们的作品以江南为背景者居多。但除了描述南方景色之外，也用此词来描绘北方风致，如游酢的《水亭》："清溪一曲绕朱楼，荷密风稠咽断流。夹岸垂杨烟细细，小桥流水即沧洲。"[2]游酢是北宋闽北建阳人，曾在萧山、河清等江浙地方为官。

由此可知，在两宋时期，"小桥流水"可以被文人用来描写许多不同地方的景色，但到南宋，开始更多地被人视为江南的意象。除上述高观国的词外，还有刘学箕的《桃源忆故人》"小桥流水人来去，沙岸浴鸥飞鹭。谁画江南好处，著我闲巾屦"等句。与此同时，"小桥流水"既被用来描写乡村野趣，如宋末元初人黄庚的《田家》，"流水小桥江路景，疏篱矮屋野人家。田园空阔无桃李，一段春光属菜花"，也被用来描写市镇景象，如北宋陈师道的《临江仙》："曲巷斜街信马，小桥流水谁家。浅衫深袖倚门斜。"这其实并不尽是文人的诗意想象，而是生活世界的写照，那就是狭小的水道两侧出现了日益增多的民居，形成相互间隔不远的跨河小桥，已经成为一种比较普遍的景象。

二、绘画作品中的"小桥流水"

正如荆浩在其《画山水赋》中所说，"小桥流水"的景致在宋画中也开始得到表现，尽管并不像在诗词中那样出现在对许多不同地方的描写中，从时段来看，也以在表现江南的作品中为多。如南宋钱塘人刘松年的《四景山水图》中，冬春两幅均有小桥流水出现在作品比较突出的位置，而且与聚落和行人形成紧密的联系。

当然，"小桥流水"在山水画中只是一种重要的、但非必需的点缀。在南唐巨然的《湖山春晓图》中，在不引人注意的位置，画有一个肩荷钓竿的渔夫，行走在板桥之上。

刘松年《四景山水图》（局部）

---

[1][宋]林季仲：《竹轩杂著》卷2，第9页上—下，清光绪刻本。
[2][宋]游酢：《游鹰山集》卷4，第14页下—15页上，清文渊阁四库全书本。

但在南宋钱塘人陈清波的同名作品中，就没有出现这样的场景。事实上，在《宋画全集》所收作品中，几乎没有以"小桥流水"为画题的，当然后世的山水画以此为题者也不多，但文徵明有《溪桥策杖图》，其侄文伯仁有《溪桥访友图》等，"小桥流水"的意象开始出现于画题之中。

根据《明画录》，明代山水画可以吴派和浙派的作品为代表，这样，江南景色大量出现在明代山水画作品中就不足为奇了。在吴门四家的作品中，人们会时常看到"小桥流水"的存在，如文徵明的《携琴访友图》《山庄客至图》《绿荫草堂图》《品茶图》《听泉图》等多种，沈周、唐寅的作品也无不如此。这种情况在反映晚明市井生活的作品中尤为突出，如吴江人李士达的《岁朝村庆图》因为不属山水画，而属风俗画，所以更近实景描写。在此画中，小桥和桥上行人不再作为山水图景中的点缀，而是生活场景中的必要组成部分。

这种情况到清初依然持续，如在钱塘人蓝瑛的《山水册》十二开之五、之七、之八中都有呈现。而在常熟人王翚的作品中，"小桥流水"变得更多见了，以下仅举三例。在这些作品中，王翚所画有板桥，有拱桥；桥下或河水，或山溪；"小桥流水"不仅出现在构图中的近景，也出现在中景和远景。值得注意的是，左图称绘于"耕烟草堂"，有耕牛、荷锄农夫和渔船，呈现的是一幅乡村聚落；中图的小桥连接的，是栉次鳞比的房屋、卸货后的车马，以及渔船靠近的阁廊，分明是市镇的景象。这些都说明，尽管作品中如何点缀风景与作者的喜好与心情等主观因素有很大关系，强调写意而非写实的中国山水画又更是如此，但还是在一定程度上显示出现实环境对作者潜移默化的影响。

无论是在诗文作品还是在绘画作品中，在唐末宋初开始频频出现的"小桥流水"意象，到明中叶以降

李士达《岁朝村庆图》

开始蔚然大观，特别是从一种非江南专属意象逐渐变为江南的专属意象，这当然与江南士大夫在明中叶以降支配了全国的文艺界有密切关系，也是全国生态环境变化的结果。

王翚《仿赵大年湖山春晓图》　　　　　王翚《仙山楼阁图》

必须指出，如果是从明中叶以降的山水画中寻找"小桥流水"的例子，那可能比比皆是，但艺术家们也可能更钟情烟波浩渺、林泉高致、晚壑清风，那种宏大场景的画面尽管是宋元山水画的主流，但到明代以后也并不少见。即便是在反映了"小桥流水"的作品中，我们依然可以看到高耸的山岩或宽阔的水面形成了构图的主体，这固然是文人山水画的某种格套，也是多样化的生活环境的反映。

三、园林造景中的"小桥流水"

包括"小桥流水"在内的许多文人山水意象，不仅出现在诗画作品之中，也出现在园林造景之中，这当然是士大夫不满足于短暂的向往和情感抒发，希望长期生活在某种如诗如画的场景中的产物。更重要的是，由于各种因素，他们大多数无法居住在真实的乡野环境中，只能在假山假水中寻回某种满足。

今天我们见到的历史上遗留下来的园林，大多处于城市中。但按照明末吴江人计成的看法，是"市井不可园也"，"凡结林园，无分村郭，地偏为胜"。最好的选择是"山林地"，因为便于借景，总的原则是追求浑然天成：

开林择剪蓬蒿，景到随机；在涧共修兰芷，径缘三益，业拟千秋。围墙隐约于萝间，架屋蜿蜒于木末。

山楼凭远，纵目皆然；竹坞寻幽，醉心即是；轩楹高爽，窗户虚邻。纳千顷之汪洋，收四时之烂缦。梧阴匝地，槐荫当庭；插柳沿堤，栽梅绕屋。结茅竹里，浚一派之长源；障锦山屏，列千寻之耸翠。

虽由人作，宛自天开。

当然计成也知道选择乡野之地建造园林并非所有士大夫的选择，所以他也说到在"城市地"建园的考虑：

市井不可园也。如园之，必向幽偏可筑。邻虽近俗，门掩无哗。开径逶迤，竹木遥飞叠雉；临濠蜒蜿，柴荆横引长虹。院广堪梧，堤湾宜柳，别难成墅，兹易为林。架屋随基，浚水坚之石麓；安亭得景，蒔花笑以春风。虚阁荫桐，清池涵月，洗出千家烟雨，移将四壁图书，素入镜中飞练。青来郭外，环屏芍药宜栏，蔷薇未架，不妨凭石。最厌编屏，束久重修，安垂不朽？片山多致，寸石生情，窗虚蕉影玲珑，岩曲松根盘礴，足征市隐，犹胜巢居。能为闹处寻幽，胡舍近方图远？得间即诣，随兴携游。

这样的造景也可以实现闹中取静、大隐隐于市的士人理想。[1]这里所谓"临濠蜒蜿，柴荆横引长虹"即指"小桥流水"的意象，在"村庄地"的设计中"凿水为濠，挑堤种柳"，在"郊野地"的设计中"水浚通源，桥横跨水"，都是同样的考虑。[2]

王世贞是个很热衷造园的人，在他的家乡太仓，他们兄弟就有三个园林，此外还有八个。田氏园最为他看不起，安氏园"最僻而雅。前阻小溪水，溪外为廛市，其右与其阴皆稻田，农欢历历在耳目。左通一门而入，除竹为径，数十武得一室，下踞桥之折而南北，宛宛复为修径"。王氏园"入十余武则横隔大池，一桥蜿蜒其上，循桥而得径，其右方为亭"。各园多有在城郊者，其余也都多少借景原有的景观。[3]当然他最以自己的弇山园自得，其附近有隆福寺，其前有20亩之大的池塘，园前"横清溪甚狭，而夹岸皆植垂柳"，园西有古墓、松柏，还有关帝庙，"此皆辅吾园之胜者也"。"园之中为山者三，为岭者一，为佛阁者二，为楼者五，为堂者三，为书室者四，为轩者一，为亭者十，为修廊者一，为桥之石者二，木者六，为石梁者五，为洞者、为滩若濑者各四，为流杯者二，诸岩磴涧壑不可以指计"。[4]其中共有13座小桥，可知园林中的人文景观除楼台亭阁外，小桥流水是不可或缺的。

这些园林造景又成为文人画中的重要主题。以文征明的《拙政园图》为例，处于苏州城内的园林景观被描绘成更具自然特征的山水图景。即便是他的《王氏拙政园记》，也尽量将园中的造景描写得如在乡间郊野，来表达造园者以此"寄其栖逸之志"的目的。其侄文伯仁的《南溪草堂图》就更具这一特点，可能是由于草堂处在"黄埔之西，肇溪之南，被以长林，带以广渠"，本来就在一个郊野的环境中。主人顾英致仕后，"日

---

[1] 关于这一点，已有不少学者指出过，如张淑娴：《明代文人园林画与明代市隐心态》，《中原文物》2006年第1期；陈俣行：《以画观园——明代江南园林与园林绘画》，《美术大观》2020年第6期，等等。
[2] [明]计成：《园冶》卷1，第2页上、第3页下、第4页上—5页下。营造学社本。
[3] [明]王世贞：《太仓诸园小记》，《弇州山人四部续稿》卷59《文部·记》，第10页下—15页上，清文渊阁四部全书本。
[4] [明]王世贞：《弇山园记一》，《弇州山人四部续稿》卷60《文部·记》，第1页上—2页上，清文渊阁四部全书本。

与其邑之士大夫桓盘其中，弹琴命酒，歌咏相属"。后其玄孙顾君锡卖青浦田重修。[1]

这说明，明代士大夫所建园林还是尽可能考虑接近山林乡野的环境，试图把在文人山水画中营造的那种氛围挪移到其实际生活场景中。不得已在城市中修造园林，也尽量选择人烟不密的所在，在尽可能借景的同时，在园中复制那种林泉高致的情境。如果依然不能完全如意，则又可通过绘画作品尽量淡化实际园林中的人为雕饰特征，强化其天然特征，这成为明代中叶以来园林画存在的重要功能。而之所以如此，就是因为实际环境的变化使文人可以寄托其理想和情感的自然氛围越来越不可得，于是，没有钱的文人通过写诗作画，如文征明在

文徵明《拙政园图》（局部）

《王氏拙政园记》中所说，"顾不得一亩之宫以寄其栖逸之志，而独有羡于君，既取其园中景物悉为赋之，而复为之记"，有钱的人如王世贞则通过建造园林来贴近这一理想氛围。渐而接近乡野、可以借景的建园之地亦不可得，只好营园林于城中，空间益小，雕琢益重，这种园林画就成为最后的不得已而为之者。

文伯仁《南溪草堂图》（局部）

在本节中没有涉及明代以前的园林建造史，也没有涉及明清时期江南以外各地的园林营造，主要原因是这些内容已有大量更为专业的论著加以讨论和研究。但这些却帮助笔者说明，无论是明代以前的园林造景还是江南以外的园林造景，即便是北京的清代皇家园林中，大多都有"小桥流水"意象的反映，对很多地方来说，

---

[1] [明]王稚登：《南溪草堂记》，崇祯《松江府志》卷46《第宅园林》，第58页上—下，明崇祯三年刻本。

原因就在于反映这类意象的实景在不同历史时期消失了，园林的意义就成为"此情可待成追忆"。而明清时期的江南也正在经历着这一过程。

四、地方志中对桥的记录

如果说在文艺作品中对"小桥流水"的描绘与唐宋以来的文人意趣有很大关系，地方志中对桥的记载以及修桥碑记的保存则是一种对本地公共事业的记录。尽管在全国各地，有河水的地方就会修建桥梁，但是否在地方志中设置专门部分记录桥梁，所记录的桥梁处在何种空间环境下，在特定的空间范围内桥梁的密度有多大，等等，各地还是有很大差别的。这对我们认识"小桥流水"意象的生活背景是有帮助的。

留存至今的宋元时期的地方志仍以江浙地区为多。根据南宋淳熙《严州图经》判断，从唐代延续至宋的《图经》传统，就将"桥梁"列为专项，尽管记录很少且简略。但在范成大所撰绍定《吴郡志》中，更将"桥梁"单列一卷："唐白居易诗曰：'红栏三百九十桥。'本朝杨备诗亦云：'画桥四百。'则吴门桥梁之盛，自昔固然。今图籍所载者三百五十九桥，在郡城者，今以正中乐桥为准，分而为四达，随方叙之。"①其中有的桥根据唐代陆广微《吴地记》称系春秋时期吴王阖闾造，有的系吴王夫差造，亦不无可能。白居易诗："半酣凭槛起四顾，七堰八门六十坊。远近高低寺间出，东西南北桥相望。水道脉分棹鳞次，里闾棋布城册方。"②桥梁密集，与纵横交错的水道相关自不必说，与聚落和人口的正相关性也是很明显的。

南宋宝庆《四明志》将"桥梁"附于"水"之下，前有一段编者的说明：

日月湖之水，酾为支流，可濯可湘，可载可汎。徒杠舆梁，政所宜举。人繁屋比，则家自为之矣。创置岁月，载旧经者不敢废。今增创过倍，姑识其大者，岁月不暇究也。③

这段话的意思是说，宁波鄞县日湖和月湖的水被疏导为不同支流，可以用来洗濯，也可以用来烹煮；可以用来承载，也可以让它们流逝。在水上修造大小桥梁，是施政者应该做的事。随着人口增多，房屋密迩，往往都是居民自己建造了。过去建造的桥梁载在《图经》的依然记录在案，但新增的桥梁太多，这里只能记载主要的了。

---

① 绍定《吴郡志》卷17《桥梁》，择是居丛书影宋刻本，第1页上。
② [明]白居易：《九日宴集》，绍定《吴郡志》卷6，择是居丛书影宋刻本，第15页下。
③ 宝庆《四明志》卷4《水·桥梁》，宋刻本，第8页下。

这样的说法似乎不足为奇，但在北方城乡，虽然很少有没有河流的地方，但因为人口和聚落的密集导致越来越多桥梁的修造，似乎是很少见的。元至元《齐乘》记载泉城济南的情况："大明湖南岸，桥南百花洲；洲上百花台，环湖有七桥，曰芙蓉，曰水西，曰湖西，曰北池之类是也。南丰诗云：'莫问台前花远近，试看何似武陵游。'又云：'从此七桥风与月，梦魂长到木兰舟。'概可想见。今皆废矣，惟百花桥与泺源石桥仅存。"[1]曾巩曾将这里比作《桃花源记》中渔夫捕鱼的武陵，可见溪水遍布，但到元代这些桥大多湮废，直到清道光《济南府志》卷10仍记载"今皆无考"，说明再也没有重修过。此外，这里的很多桥实际上是水闸，如"迎山桥在四横闸西北，故小清河第四闸也，乾隆乙亥年建。以上小清河桥、闸、渡口三十处，系从前河道遗迹，今河淤闸废，桥座多在而津渡无存矣"，[2]也许正相反的是，北方许多地方恰恰是因为人口和聚落的密集，使本来就不充裕的水资源减少，并导致桥梁的废弃。

"小桥流水"的景象通常不是指在较宽阔的河面上那种规模较大的桥梁，而通常是指狭小的水道上长约数米的小桥，后者是江南水乡市镇的常见景观，所以在清代江南的乡镇志中有充分的展现。苏州吴县的甪直原称甫里，乾隆时人许廷鑅曾写道："甫里在长洲之东南，吴淞江环之如带，由西美桥入市，凡越桥几，而至东美桥，则为昆山之境。……形家谓，吴淞江折而北入甫里塘，皆狭河细流，又经数曲而入西美桥，市廛鳞次，水浅而河身加隘，过东美桥河始渐广。"[3]把小桥流水的形态描写十分细致。

乾隆《吴郡甫里志》》记录的本镇桥梁，最早的修造记录是在明洪武时期，但主要是在成化时修建，到万历时达到高潮，明末清初时又有较多重建或修葺的记录。[4]而乾隆《陈墓镇志》卷2《桥梁》记："桥梁设以利济，古多架木，自宋以来始甃以石，然年久不无倾圮，修桥补路，居斯土者均有责焉。"江南的一些古镇至今保留着宋代所建石桥原物，可知上述记载不虚。但在其正文中，多记各桥于永乐，或嘉靖，或万历年间重建，完全没有提到宋桥。[5]

到晚明以至清代，江南市镇中的小桥流水已经成为本市镇的重要自然 - 人文景观。明末清初长洲人归圣脉曾写"唯亭八景"诗，其中有《石桥月夜》："驷马题名耸石梁，一轮涌现接扶桑。"再有《元泾听潮》："状

---

[1] 至元《齐乘》卷5，第5页上—下，清文渊阁四库全书本。
[2] 道光《济南府志》卷10《桥梁》，第8页下，清刻本。
[3] 许廷鑅：《重建甫里正阳桥碑记》，乾隆《吴郡甫里志》卷22《艺文》，《中国地方志集成（乡镇志专辑6）》，江苏古籍出版社，1992年，第143页。
[4] 乾隆《吴郡甫里志》卷17《桥梁》，《中国地方志集成（乡镇志专辑6）》，江苏古籍出版社，1992年，第96-98页。
[5] 乾隆《陈墓镇志》卷2《桥梁》，《中国地方志集成（乡镇志专辑6）》，江苏古籍出版社，1992年，第286页。

元桥畔有湖亭，八月潮来夜半听。"①"甫里八景"中也有"长虹漾月"，其诗有云："雾敛江澄月满船，扶桥人影踏青天。看从三五团圞夜，一道长虹上下圆。"②陈墓有锦溪桥，"陈墓八景"中的"锦溪渔唱"，即以此为背景。晚明昆山人归昌世诗曰："柳带萦桥水面齐，沙明日暖鹧鸪啼。春深两岸桃争放，不是渔人也欲迷。"镇志作者感慨说："闻昔时桃李纷披，两岸绿波掩映，中流网影参差，歌声上下，真胜地也。曾几何时而物换星移，此景已不可得。"③

在清代江南的乡镇志中，上面这样的记录很多见，但最直观的是乡镇志中的地图。仔细看看这些地图上的标识，就可以知道大小桥梁的重要性。

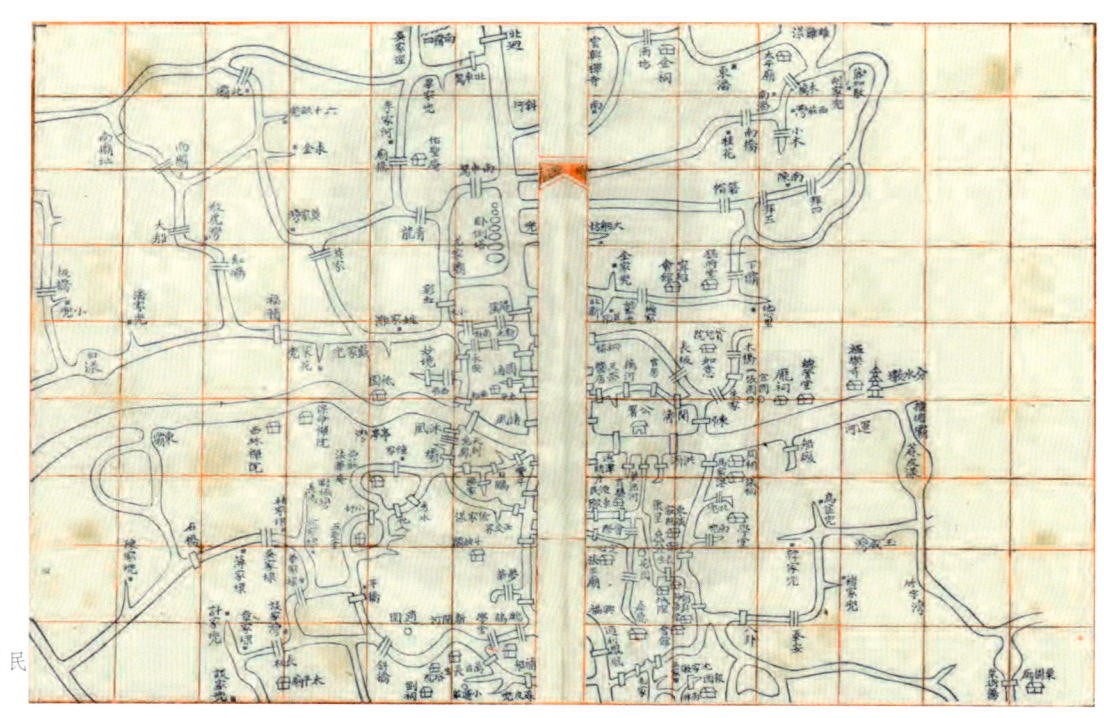

《南浔镇乡图》（民国《南浔志》）

上图是民国十一年《南浔志》中《南浔镇乡图》的一部分，反映的是南浔镇最核心的地带。地图上画出的小桥虽然只是实际所有桥梁的很小部分，但还是可以看出，越是中心区也即居民越密集的地区，桥梁越多，

---

① 乾隆《吴郡甫里志》卷23《历朝诗选》，《中国地方志集成（乡镇志专辑6）》，江苏古籍出版社，1992年，第177页。
② 乾隆《吴郡甫里志》卷24《诗》，《中国地方志集成（乡镇志专辑6）》，江苏古籍出版社，1992年，第185页。
③ 乾隆《陈墓镇志》卷2《桥梁》，《中国地方志集成（乡镇志专辑6）》，江苏古籍出版社，1992年，第286页。

越到镇的外围，桥梁越稀少。这类似现代城市中的十字路口，越是繁华区路口越多，目的是为较大规模的出行人口提供便利。图中最宽阔的是流经南浔的大运河，河畔不仅有官署，还有船厂和寺院，而桥梁往往又是重要的贸易市场所在地，所以桥侧经常会有埠头。在图中，"公署"和"通津桥"在中心的位置，也的确是处在当年的十字水路的交叉口。此桥跨运河，原建于宋，称浔溪桥（浔溪即东苕溪），圮后重建，明清时期便有"万户周遭见，千艘日夜通""听道今年丝价好，通津桥口贩船多"的说法。①

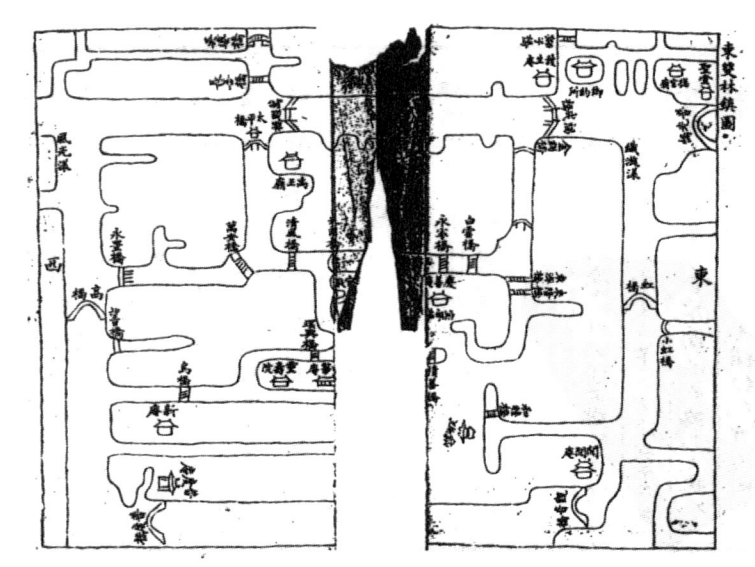

《双林镇图》（乾隆）《东西林汇考》

取自乾隆《东西林汇考》的这幅湖州双林镇地图比较简略和规整，但桥梁标识得都很清楚。但在书中的《津梁》部分罗列的桥梁是很多的，包括跨塘四桥、东栅七桥、南栅九桥、西栅六桥、北栅七桥、中市十一桥，这应该是镇区的44座桥，其他还有在镇外乡脚的数十座桥梁。②更值得注意的是，在方志记载本地村落时，都以桥作为标志来说明村落的所在位置，如在"虹桥以东"条下，列吴家【土扇】、东林村、前潘村、洪城村；在"狮子桥东北"条下，列李王村、渡船村、圣堂兜、顺兴村，等等。③说明在市镇与周边乡村之间，可能还有以桥为场所的更低级中心地。

与文学艺术作品不同，地方志对"小桥流水"的记录主要并不是一种文人的美学意象，而是作为地方的物质生产和文化生产，不仅侧重其实际功用，还与本地的某个人物、某个事件紧密联系，其生活内容要更加丰富。但到特定的地方文化建构的时候，这些当地人熟视无睹的日常生活场景也会向文人的美学意象延伸。某地的"八景"或"十景"的创造，甚至乡镇志的编写，都是这种地方文化建构的重要组成部分。清代江南乡镇志对桥梁的重视，与作为文人意象的"小桥流水"在晚明以降的文艺作品中的大量存在，是同一历史过程的产物。

---

① 民国《南浔志》卷7《桥梁》，《中国地方志集成（乡镇志专辑22上）》，上海书店，1992年，第69页。
② 乾隆《东西林汇考》卷2《建置志·津梁》，《中国地方志集成（乡镇志专辑22上）》，上海书店，1992年，第765—767页。
③ 乾隆《东西林汇考》卷1《形胜志·村落》，《中国地方志集成（乡镇志专辑22上）》，上海书店，1992年，第759页。

五、"小桥流水"的环境变迁成因

"小桥流水"的图景通常指的是在宽 10 米以内的水道上建造的木构或石构桥梁,在江南的市镇里,常常可见的是 5 米左右宽的小桥,大河长桥的壮观景象并非文人诗词或画作中欣赏的那种意象。因此,决定其存在的是这种狭小水道的形成,而其形成的环境变迁原因就是水域面积的减少。

在中国历史上,无论是在水乡地区还是在平原地区,水域面积总体上呈减少的趋势。对较早历史时期内陆湖区水域面积变化的研究,大多通过历史文献中的描述,有学者认为,80% 的上古湖泊都是在魏晋南北朝、两宋和明清之际至今的三个时期内消失的。[1] 在宁绍平原上,万亩以上的湖泊在宋元时期有 10 个,湖泊总数有 199 个,到明清时期前者减少到 5 个,后者减少到 44 个。[2] 洞庭湖的水域面积在唐宋之际达 6000 平方公里,其间时有盈缩,到明清之际还基本保持这个规模,[3] 但从 1896 年到 2014 年,就从 5146.71 平方公里减少到 2680.29 平方公里。[4] 江汉平原上长湖、三湖、白露湖、洪湖构成的长江中游四湖区域的湖泊面积从 20 世纪 20 年代的大约 2000 平方公里,减少到 2005 年的 800 平方公里。[5] 晚近时期由于有了较多可供测算的数据,并借助遥感技术,有了比较具体的湖区水域面积数字。

对历史时期湖区水域面积减少的原因,学者们从不同角度进行了分析,但都认为农业围垦是重要原因之一。在这个过程中,由于北方气候相对干旱,农业开发较早,又大量修造沟渠用于农业灌溉,水域面积减少的情形较早呈现,且多属不可逆的趋势,不像长江中下游的湖区还会出现水域面积短期增加的现象,因此,在北方的某些地方也会出现"小桥流水"的景象,在长江流域的四川、湖北、江西等地存在这种景象就更不足怪了,因为唐末五代到两宋,是南方湖区农业加速开发的时期。在同一时期,南方地区的森林砍伐过程也大大加速了,水土保持遭到破坏,自山上流下来的溪泉水量也有所减少,使流入江湖的港、渎变窄。但无论如何,由于长江中下游地区的水域面积较大,在许多地方已经变成"小桥流水"的唐宋时期,这里除了像苏州城这样人烟辐辏的大都市以外,还有许多烟波浩渺的水乡泽国。

---

[1] 方金琪:《我国历史时期的湖泊围垦与湖泊退缩》,《地理环境研究》1989 年第 1 期。
[2] 陈桥驿、吕以春、乐祖谋:《论历史时期宁绍平原的湖泊演变》,《地理研究》1984 年第 3 期。
[3] 周宏伟:《洞庭湖变迁的历史过程再探讨》,《中国历史地理论丛》2005 年第 2 期。
[4] 余德清、余姝辰、贺秋华等:《联合历史地图与遥感技术的洞庭湖百年萎缩监测》,《国土资源遥感》2016 年第 3 期。
[5] 肖飞、杜耘、凌峰等:《长江中游四湖流域湖泊变迁与湖区土壤空间格局的关联分析》,《湿地科学》2012 年第 1 期。

已有学者详细梳理了湖州东苕溪的形成过程，认为东苕溪上游余不溪形成稳定的河道，是先秦以来人们利用自然水系兴修水利工程的结果。文中引《菱湖镇志》中的《明庞太元菱湖志》："菱湖非舟车孔道，汪洋浩渺，古未成居，自筑凌波塘以后，民始居庐塘之东，兴凌桑业。塘以西皆桑墟、芦苇、黄泥墩、蚬子滩，阒无人居。"①凌波塘为唐宝历年间所开，使东苕溪的支流苧溪水由东折北流向郡城，至此东苕溪的格局才基本形成，而此时菱湖、南浔等地还是"汪洋浩渺"，溪泽广布

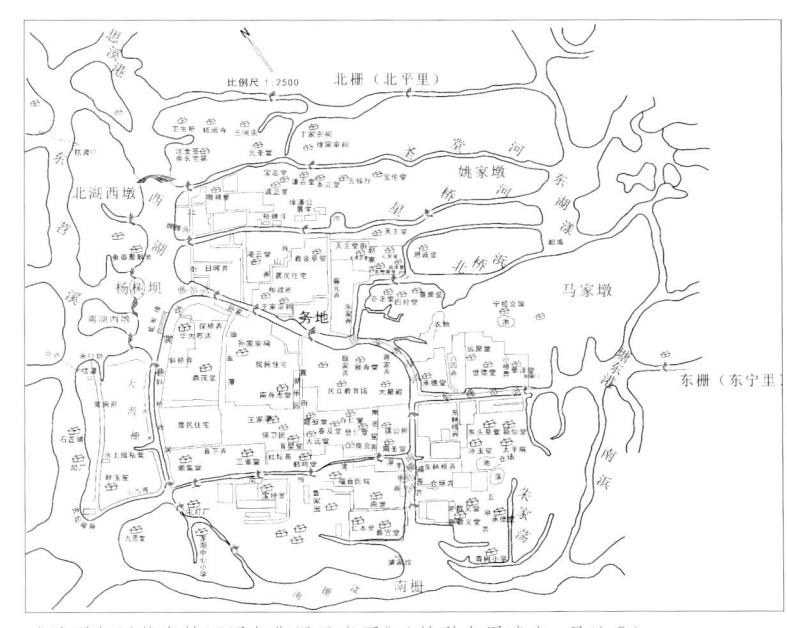

《民国年间菱湖镇河网与街区示意图》（转引自周晴文，见注3）

《明庞太元菱湖志》还提及此后的变化："明洪武初始设务司，建社坛，市酤盛于东湖。成、弘间，民始濒西湖而居，以御溪寇，正、嘉、隆、万间第宅连云，阛阓列螺，舟航集鳞，桑麻环野。西湖之上无隙地，无剩水矣。"作者认为唐宋时期对东苕溪沿岸的筑塘，使湖州东部低洼区得到有效开发，此后则水网渐密，②到明代中晚期菱湖进一步水乡成陆。清康熙时杨树坝这样一个滚水坝的修建，使得镇内土地被众多河港分割，并使西湖水面形成许多湖荡，再加上四栅的修建，使镇内河网形成大量静水区，沿着这些静水区又形成繁华的街市和不断营造的桥梁。③在苏州东北，为将阳澄湖等湖域与吴淞江打通，北宋修了至和塘：

沈氏《笔谈》云：至和塘自昆山县达于娄门，凡七十里，自古皆积水无陆途，民颇病涉，久欲为长堤抵郡城。泽国无处求土，嘉祐中人有献计就水中以篷籧为墙，栽两行，相去三尺，去墙六丈，又为一墙，亦如此滤水中淤泥实篷籧中。候干，则以水车畎去。两墙间旧水墙间六丈，皆留半，以为堤脚，掘其半为渠，取土以为堤。

---

① 光绪《菱湖镇志》卷1《舆地略·疆域》，《中国地方志集成（乡镇志专辑24）》，上海书店，1992年，第776页。
② 钱克金：《东苕溪之由来及与流域社会经济发展的关系》，《中国历史地理论丛》2014年第4辑。
③ 参见周晴：《江南水利、河网与市镇——以菱湖镇及周边地区为中心（9—20世纪）》，《中国历史地理论丛》2013年第2辑。
④ 绍定《吴郡志》卷19《水利上》，第3页上—下，择是居丛书影宋刻本。
⑤ 嘉靖《昆山县志》卷15《集文》，第3页上，明嘉靖十七年刻本。

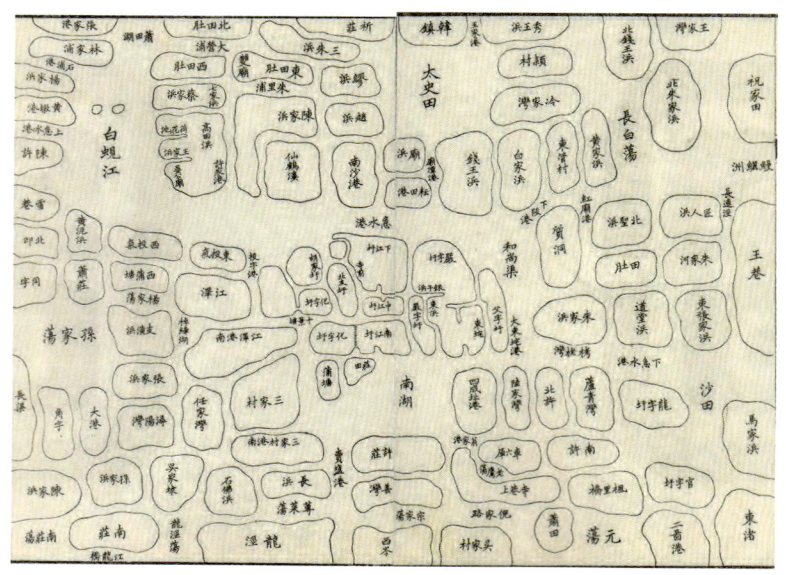

光绪《周庄镇志图》

每三四里则为一桥,以通南北之水,不日堤成,至今为利。④

根据嘉祐六年邱与权《至和塘记》,塘上"为桥梁五十二",⑤起到的是闸堰的作用。正如王建革所说,"成田、成堤与成河完全是一体化的过程",随着唐末五代江南的大圩向明代以后的小圩变化,圩堤变得越小越多,其间的水道也日益狭窄,也即前述水网的密度加大,并逐渐形成了宋代以后的"微域化景观"。①当一个个村落在这些圩田的基础上建立起来并逐渐发展成市镇,圩堤上那些水利设施意义上的小桥又增加了交通和社会文化上的意义,农业开发意义上的"微域化景观"逐渐成为市镇意义上的"微域化景观"。

周庄在明清时是"界三县,跨两府,有司最为难理",而且是"地不数里,巨浸环之"。②清代的镇志都说这里一向都是村庄,只是到了元末,沈万三的父亲沈祐从南浔移居到这里,才开始成镇。"明季迁肆于后港,东西阛阓,多坟墓,鲜民居。……今东、西二港俱成列肆,后港闲寂矣。"③说明明末时周庄的规模还不大。从光绪《周庄镇志》的地图来看,这里已经开发成一个个密集的小圩,镇的范围只是地图中央北临急水港、南接南湖(南白荡)、东接和尚渠(北白荡)的那几个圩。清中叶镇志说急水港"为云间运道,舳舻联接,巨浪排空,帆影漫天,势雄声壮",在清末的地图上是完全感受不到的。

构成周庄镇的大约10个小圩之间的水道日益变窄,上面也逐渐建起一个个桥梁,乾隆镇志记载的十几座

---

① 王建革:《水乡生态与江南社会(9—20世纪)》,北京大学出版社,2013年,第140、177页。
② 乾隆辑、嘉庆补辑《贞丰拟乘》,周廷櫆《原序》、卷上《地界》,《中国地方志集成(乡镇志专辑22上)》,上海书店,1992年,第398、401页。
③ 乾隆辑、嘉庆补辑《贞丰拟乘》,卷上《沿革》,《中国地方志集成(乡镇志专辑22上)》,上海书店,1992年,第402页。
④ 乾隆辑、嘉庆补辑《贞丰拟乘》卷上《桥梁》《八景》,《中国地方志集成(乡镇志专辑22上)》,上海书店1992年,第405-406、403页。

桥梁中，只有一座建于明以前，一座建于明嘉靖朝，其余都是清康乾时期修造的。特别是当时的周庄"八景"中专门有一景就叫"小桥流水"，但在嘉庆补辑的文字中却记载，"如小桥流水，今已水道淤塞"。[④]到光绪《周庄镇志》的"八景"中就已消失不见了。这说明，周庄周围由于存在大片水域，其圩田开发的时间较晚，若干小圩连结成镇大约是到了明代中期以后，形成"小桥流水"景观的条件到清代前期才逐渐成熟。但随着这一过程的加速，到清中叶以后，这样的景观也开始消失，一如数百年前在全国其他地方发生的情况。

概言之，在唐宋之际，诗文和绘画作品中的"小桥流水"的意象开始不断出现，但反映的是南北方不同地方的情况，当然以南方地区的景象为多，这与各地的农田开发、城市化和水域面积减少有直接关系。但在水域面积仍然较大的江南水乡还体现得并不明显，只有像苏州这样较早成为都市的地方变成了这个样子。到明代，"小桥流水"的景观在绝大部分北方地区几乎消失不见，在南方的湖区平原和山溪丰富的山麓平原，成为这种景观存在最多的地区，因此无论在诗文还是绘画作品中，这样的美学表达也变得司空见惯，并从自然界中被移入园林景观中。随着晚明至清代江南圩田的进一步开发，特别是市镇的大量形成，这些市镇中街巷的布局、文人阶层的扩大、商人力量的增长，才使"小桥流水"成为江南水乡市镇的专属表征，也大量进入诗文中的竹枝词、乡土志和绘画中的风俗画这类更写实而非写意的作品中。

当然，正如我们所见，随着近数十年来日益加速的现代化和城市化进程，市镇中的"小桥流水"也在大量消失，即使在江南，也逐渐成为一种用于怀旧的文化象征，只是现在连将其纳入私家园林的条件也不具备了。

山川崇拜与仙山信仰——魏晋之前的山水审美

陈谷香

一般认为，我国山水画是在魏晋时期成为独立画种的。然而，在山水画兴起之前，我国的先民已经对山水形象有了浓厚的兴趣，并具备了相当的审美能力。

图1是1960年在我国山东莒县陵阳河遗址出土的灰陶尊，高60厘米，口径30厘米，为大汶口文化晚期作品，又称"日月山"或"日云山"大口尊。很多专家学者都是从文字的角度来释读这一陶刻符号的，如于省吾先生认为这是一个"旦"字，唐兰先生认为这是一个"炅"字，但笔者更愿意从绘画的角度来欣赏这一陶刻符号。

笔者认为，"日云山"的景象较为常见，而"日月山"的景象较为罕见，显然"日月山"更具有神秘意义，更值得古人将此景象刻在祭器上。理论上，在农历上半月（初四以后）太阳降落时可以看到月亮，在农历下半月（二十七以前）太阳升起后也可以看到月亮。而莒县博物馆苏兆庆先生的考证也支持笔者这一看法，据苏先生考证，托起这轮太阳的山峰，是陵阳河遗址东面的屋楼崮。据苏先生实测，陶画内容为屋楼崮春分日和秋分日早晨所见。屋楼崮，《史记·封禅书》所

左，图1-1 莒县出土灰陶尊，高60cm，口径30cm，莒县博物馆藏
右，图1-2 莒县灰陶尊局部，此陶文也出现在不同区域的大口尊上

载为"日月之所出"的琅琊诸山之一，是莒地先民"山头纪历"的测日点。此灰陶尊刻符能够与史书记载相互印证。不过，陵阳河遗址东面除了屋楼崮外，还有寺崮山，而寺崮山是五峰，这个刻符的山形图案也是五峰，也许此刻符描绘的是寺崮山五峰春分秋分日旭日初升后所见的山水美景。

图2、3、4是一组漩涡纹彩陶瓶。这些彩陶瓶上的漩涡纹，线条流畅、优美，富有动感和韵律感，体现了我国原始先民对水的细致观察和高超的描绘技巧。甘肃和政县半山遗址出土的这件漩涡纹彩陶瓶，甚至抽象地表达了两人划独木舟在湍急的水流中行进的场景（图3-1）。

图5是人面鱼纹彩陶盆，这种类似的彩陶盆出土了十几件，分布在西安半坡（7件）、陕西

左，图2 漩涡纹尖底彩陶瓶，陕西吕家坪出土
中，图3 漩涡三角纹彩陶瓶，甘肃和政县半山遗址出土
右，图4 漩涡纹瓮，甘肃永靖三坪出土

图 3-1 旋涡三角纹彩陶瓶，甘肃和政县半山遗址出土，局部

左，图 5 人面鱼纹盆，西安半坡出土，中国国家博物馆藏
右，图 5-1 人面鱼纹盆局部

临潼姜寨村（3件）、宝鸡北首岭（1件残片）、汉中西乡县何家湾（1件残片）等。据考古学者说，这种彩陶盆是用来盖在装小孩尸体的瓮上的，这种盆的底部有一个小小的孔，大概是用来给灵魂自由进出的。关于人面鱼纹的解读，有二十余种，有图腾说、巫术说、黥面纹身说、飞头颅说、面具说等[1]。上述各地出土的人面鱼纹盆图案大同小异（如图 5-1、5-2、5-3、5-4），都是人戴着尖顶的帽子，耳朵边各有一条鱼（或鱼藻），嘴里还衔着鱼。有读者会问，这与山水审美有什么关系呢？

笔者认为，这个尖顶的帽子是仙山的表达，上面短刺似的短线是对山上的林树的表达。原始先民虽然表达能力有限，但是他们也稚拙地表达出了山的高低和远近关系：人物额头部分，其实是对连绵的山的表达，其中图 5-1 甚至表达出了山的高低错落。人物头顶部分，深色的三角形表达的是近山，浅色的表达的是远山。有过登山经验的人都知道，近山容易让人觉得郁郁葱葱遮天蔽日，而远山容易让人觉得飘飘渺渺，林木稀稀落落，故所谓的"芒刺"是对远山树木的描绘，而非有些学者所说的"太阳的光辉"或"鸟毛"或"发簪"。原始先民在这里已经有了非常粗浅的咫尺重深的空间概念。那么人面鱼纹图在笔者看来，其实描绘的是鱼儿带着死者的灵魂前往仙山。

左，图 5-2 半坡出土人面鱼纹盆局部，西安半坡博物馆藏
中，图 5-3 临潼姜寨出土人面鱼纹盆局部，陕西历史博物馆藏
右，图 5-4 临潼姜寨出土人面鱼纹盆局部，陕西历史博物馆藏

---

[1] 关于人面鱼纹的二十种解读可参见刘云辉：《仰韶文化"鱼纹""人面鱼纹"内含二十种说述评——兼论"人面鱼纹"为巫师面具形象说》，《文博》1990年第4期，第64—74页

为什么是鱼儿带去的呢？中国考古工作者在发掘巫山大溪文化墓葬时，在 M3 中发现男性尸骨有口衔两鱼和胸腹之上两侧有鱼的现象。[1] 除 M3 外，M78、M93 也有口衔鱼的情况；M153 两臂下垫有鱼，M138 头、肩、上肢、下肢均有垫鱼。[2]（图 6）口衔鱼和仰韶文化人面鱼纹盆的表现极为相似，而在死者胸腹之上两侧、头肩部位或四肢垫鱼也与人面鱼纹盆鱼在头部、耳部的牵引并无功能上的不同，其直观显见的作用都是让人在水中不沉。一个是长江流域的大溪文化，一个是黄河流域的仰韶文化，二者地理位置相距甚远但却显然有一个共同的信仰，即认为鱼能够让灵魂在升仙的路上不沉。

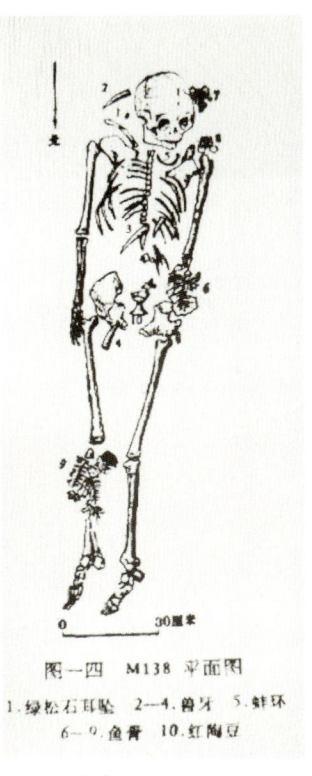

图 6 大溪遗址 M138 平面图（注：6-9 部分均垫有鱼骨）

一些口头流传的神话，我们今天已难以找到确切的文字依据，但成书于先秦时期的《山海经》给我们提供了一些线索。

图 7-1 郝滩东汉早期墓壁画 局部 鱼拉云车

《山海经·大荒西经》中说："西海之南，流沙之滨，赤水之后，黑水之前，有大山，名曰昆仑之丘……其下有弱水之渊环之，其外有炎火之山，投物辄然。"《山海经·海内北经》中则记载："陵鱼，人面、手足、鱼身，在海中。"《山海经·南山经》曰："赤鱬，其状如鱼而人面"；《山海经·海内南经》说："氐人国……其为人人面而鱼身。"以上这些人面鱼应该都是能够沟通冥界和仙界的神鱼。特别是"陵鱼"，若仅从其字面解读，应该是与陵墓、丘陵或海岛（海岛远观类海中丘陵）有关的鱼，而陵墓、丘陵或海岛，正是能激起人们关于冥界和仙界想象的符号。在徐州汉画像石艺术馆收藏的陵鱼画像石中，"陵鱼"画在西王母身旁，这说明古人认为"陵鱼"确可到达有西王母的仙山昆仑山。在陕西定边郝滩东汉早期墓壁画（图 7）中，死者也是驾着由鱼拉着的云车（图 7-1）奔往昆仑山。西王母能让灵魂不灭，死者从而得以永生。但是昆仑山被弱水环绕，弱水"不胜鸿毛"，也就是说，像鹅毛那么轻的东西到了弱水都会下沉，那么，就只有神鱼能带领死

---

[1] 四川长江流域文物保护委员会文物考古队：《四川巫山大溪新石器时代遗址发掘记略》，《文物》1961 年第 11 期。
[2] 范桂杰、胡昌钰：《巫山大溪遗址第三次发掘》，《考古学报》1981 年第 4 期，第 465 页图九，第 466 页图十四。

者的灵魂渡过弱水了。人面鱼纹盆本是小孩儿的瓮棺盖，可见其上的人面鱼很可能就是《山海经》中"陵鱼"更早时期的原型，只是这个时期此神话尚且不完备，我们还没有给"陵鱼"配上四肢；而尖顶状物应该是对诸如昆仑山之类的仙山的表达，"芒刺"状短线则是对山上树木的简约、稚拙的表达。

图7 陕西定边郝滩东汉早期墓壁画，陕西省考古研究院藏

与大溪墓葬在四肢垫鱼现象类似的还有今藏日本泉屋博古馆的商代夔神鼓（图8），人物脚边各有一条鱼。这应该也是古人认为鱼能够牵引灵魂渡过弱水的一个例证。汉代墓葬中则发现了大量的鱼车图，如河南南阳王庄汉墓出土的过去被认为是《河伯出行》的鱼车图（图9），由于文献中明确记载，河伯出行是驾二龙，而不是驾鱼车，这类所谓的《河伯出行》图被后来的学者认为是神鱼牵引灵魂前往昆仑山。陕西定边郝滩东汉早期墓壁画（图7）就明确地画出墓主驾着鱼车即将到达有西王母和太一的昆仑山。

让我们再回到图5-1的类似山形的尖顶帽子。笔者注意到，商代晚期的三星堆遗址出土的金箔中，有类似三山相连的不明物，这个不明物被推测是青铜面具头上的装饰物。而在汉代到魏晋的画像石、画像砖、棺画等画所谓《盘古开天地》图像，[4] 或《伏羲女娲》图，或《西王母与东王公》图，其中"盘古"、伏羲或东

图8 商代夔神鼓，日本泉屋博古馆藏
图8-1 商代夔神鼓 局部

王公经常戴一顶山形的帽子，如山东嘉祥县城东南花林村、山东嘉祥县纸坊镇敬老院出土画像石中的"盘古"，甘肃省高台县许三湾魏晋墓、嘉峪关新城毛庄子魏晋墓出土《伏羲女娲》中的伏羲，山东滕州市官桥镇后掌大出土《西王母与东王公》中的东王公等。这些帽子通常被描绘为三座相连的山，或许这三座山就是后来《史记·封禅书》中的蓬莱、瀛洲、方丈三座仙山。西安半坡等遗址出土的人面鱼纹彩陶盆人物头上的山形帽，可能就是先民在远古时代对我们的信仰中最重要的仙山的原初表达。

---

[4] 这类图像，笔者从张道一先生的定名姑且称之为《盘古开天地》，但笔者并不认为中间那个抱着伏羲女娲的神一定是盘古。

后来，山川崇拜已经逐渐从原始的自然崇拜，生发出政治意义来。西周由于分封制的推行，整个国家除王畿外，还分为大小不等的数百诸侯国。而分封时有个原则叫"国必依山川"，即理论上，每个诸侯国境内都应该要有可依的山和可傍

图9 《河伯出行图》，河南南阳王庄汉墓出土，南阳汉画馆藏

的水，它们既提供必要的经济资源，亦提供军事屏障。从那时起人们对山川的祭祀就不再出于简单的自然崇拜，而有了地缘政治的意味：相邻的诸侯国往往为同一山川的祭祀权而发生战争。祭祀某山某水，就相当于宣示对该山或该水的主权。广汉三星堆二号坑曾出土《祭山图》玉璋（图10），上面刻画了数组人物跪坐在山前进行祭祀活动。此外，我们从山西西周墓出土霸伯山簋、陕西历史博物馆藏梁其壶、山西省考古研究院藏晋侯壶等，也可以看到群山的形象被铸在礼器顶部。这应该是夏文化"铸鼎象物……使民知神奸"的延续。

汉魏六朝时期仙山信仰蓬勃发展。据《汉书·郊祀志》记载，秦始皇初并天下，即遣徐福、韩终之属多赍童男童女入海求神、采药；汉兴后，新垣平等亦因入海求神、采药贵幸，赏赐累千金。甚至《史记·大宛列传》中记录张骞出使西域，也不忘汇报关于弱水、西王母等的消息："条枝在安息西数千里，临西海。……安息长老传闻，条枝有弱水、西王母，而未尝见。"[5] 从帝王将相到平民百姓，前往昆仑山求见西王母以获取不死仙药，成为社会各个阶层的普遍信仰。

与之相应，各地汉墓出土的画像石、画像砖上，昆仑山中的西王母成为最常被描绘的对象。

图10-1 三星堆二号坑出土《祭山图》玉璋　图10-2 《祭山图》局部

然而要见到西王母并不容易，毕竟昆仑山外不但有"不胜鸿毛"的弱水环绕，还有"投物辄然（燃）"的"炎火之山"。湖南省博物馆藏有马王堆一号墓（下葬年代约汉文帝十二年之后）出土的西汉彩绘漆棺，在这个漆棺的左侧挡板上描绘了二龙、一鸟、一虎、一鹿、一羽人出没于昆仑山外的"炎火之山"（图11）；头部挡板上，则描绘了二神鹿奔往"昆仑之山"（图12）。这显然是祝福墓主人能够越过"炎火之山"，最终到达昆仑山。

---

[5] 条枝指地中海之滨（现土耳其东南部）的安条克（Antioch），是当时塞琉古王国的都城。

图11 西汉彩绘漆棺 马王堆一号墓出土，湖南省博物馆藏。左侧挡板，两龙中间的山为"炎火之山"

图12 西汉彩绘漆棺 马王堆一号墓出土，湖南省博物馆藏 头部挡板，两鹿之间为昆仑山

图7-2 陕西定边郝滩东汉早期墓壁画 局部 红色方块内写着"太一座"

然而昆仑山也是有层次的，"不死"和"成仙"还有不小差距。《淮南子·墬形训》说："昆仑之丘，或上倍之，是谓凉风之山，登之而不死。或上倍之，是谓悬圃，登之乃灵，能使风雨。或上倍之，乃维上天，登之乃神，是谓太帝之居。"从陕西定边郝滩东汉早期墓壁画中，我们可以看到画面左下有钟乳状的山，或许就是所谓的"凉风之山"，西王母坐在从钟乳状山上升起的高耸入云的蘑菇状平台上，这或许就是所谓的"悬圃"。西王母旁不远处有一云舟，上写着"太一座"（图7-2）。"太一"在汉武帝以后成为至上神，在迄今为止出土的最早创世纪神话《太一生水》中说："天地者太一之所生也。"所以我们的祖先认为，鱼车可以带领死者到达昆仑山，向西王母求得仙药即可永生；但是只有登上了昆仑山的"悬圃"，死者才具备了沟通天地、呼风唤雨的能力；而如果能到达太一所居住的昆仑之巅，那就可以得道成仙了。

东汉时期学者甚至给予了仙山信仰以文字学的解释。东汉训诂学专著《释名》说："'仙'，'迁'也，迁入山也，故制字'人'傍'山'也。"另外，"仙"的异体字写作"仚"，东汉文字学著作《说文》曰："'仚'，人在山上貌，从'人''山'。"[6]可见，古人认为得道成仙必然和山有密切关系，入"山"则为"仙"。

但是，入"山"为"仙"的终极目的，并不仅仅是"长生不老"。毕竟，昆仑山有三层，"长生不老"只是最低层次的追求。正如司马相如在《大人赋》中所说："必长生若此而不死兮，虽济万世不足以喜。"[7]他认为西王母被困于洞穴之中，虽长生不老也不让人羡慕。那么，像司马相如这样的高人逸士的终极追求到底是什么呢？我想应该是遨游天地间的自由，是"乘天地之正，而御六气之辩，以游无穷"（《庄子·逍遥游》）的自由。顾颉刚先生曾经总结说，"长生不老"和"自由自在"是神仙世界的两个中心观念，笔者十分认可此观点。

"迁"入山，可以理解为"安葬"在山中，当然，也可以是迁徙"隐居"在山中。死后能够"迁入山"羽化升仙获得自由固然好，但倘若活着就能得道成仙自由自在岂不更美。"隐居"入山，可即刻获得现世的自由。著名的许由、巢父、陶弘景、商山四皓、竹林七贤等，即是例子。东汉末年到魏晋南北朝时期，数百年间战乱不断，民不聊生，人生"譬如朝露，去日苦多"（曹操《短歌行》），"隐居"入山的人越发多起来了。而山水诗、山水画因人们大量避世山林而勃兴。此时山水诗、山水画的兴起，一方面固然是由于人们的自然山水审美意识进一步觉醒；另一方面则是魏晋人反抗现实政治，期望超越黑暗现实与苦难，追求身、心自由和精神愉悦的反映。归隐山林能迅速地获得现实的自由和精神上的愉悦："山林与！皋壤与！使我欣欣然而乐与！"（《庄子·知北游》）宗炳在《画山水序》中说："闲居理气，拂觞鸣琴，披图幽对，坐究四荒，不违天励之藂，独应无人之野。峰岫峣嶷，云林森眇。圣贤映于绝代，万趣融其神思。余复何为哉？畅神而已。"宗炳认为欣赏山水画是人的精神在与天地交融，类似于庄子所谓"独与天地精神相往来"，可使神情极度舒畅。王微在《叙画》中总结道："望秋云，神飞扬；临春风，思浩荡。虽有金石之乐，圭璋之琛，岂能仿佛之哉！"金石之乐，圭璋之琛，都是严格等级制度的产物，它们代表富贵、权势和世俗的束缚，王微认为这些都不能和欣赏自然山水、画山水画相提并论。显然，山水诗、山水画在魏晋时期已经成为了高洁之士超越现实社会生活，实现理想的精神生活之绝佳途径。山川崇拜和仙山信仰，在此时期的山水审美表达中，也就逐渐退居其次了。

荐读文献：

1. 贺西林：《云崖仙使：汉代艺术中的羽人及其象征意义》，《读图观史——考古发现与汉唐视觉文化研究》，2022年4月，北京大学出版社，第27-48页。

2. 陈谷香：《山水审美：从"坐究四荒"到"坐穷泉壑"之变》，《东南大学学报（哲社版）》2013年第1期，第90-95页。

---

[6] "仚"和"仙"不是一个字。《说文》释"从人山"当为"仚"（上从"人"），《字汇》作"仚"，《正字通》称其为讹，《康熙字典》则承《字汇》。

[7] 司马迁：《史记》卷一百一十七《司马相如列传》，中华书局，2014年，第3707页。

满船书画同明月——江南的行旅、书画与生活

陆蓓容

从前俗语说"南船北马"。在南方，交通主要靠坐船；而在北方，则要倚赖牲畜劳力，带动人长途旅行。自然环境限定了古人的生活，塑造了他们的习惯，也在漫长的岁月里凝成了一些无形的共同观念，而不同时期的书画作品折射着这一切。

左：佚名《山店风帘图》 右：佚名《柳阁风帆图》

《山店风帘》与《柳阁风帆》两幅宋画团扇恰可对观。尽管旧题的作者未必可信，它们的时代应该没有问题。前者画出高山下的一道小路，尽头开着一家大车店，为南来北往的行人服务。这店开在一片难得的平整地面上，周遭树木环绕，门口一根长竿挑出招幌，它正在风里微微摇动，以此点了题。食槽边趴着几匹骆驼，店里有人跑堂端菜，有人似乎在擦桌子。店门口停着一架堆满货物的车，车上的人仿佛正在卸货，与挑担者协力劳作。店前的大道上，行人驾着牛车，来往不休。

后者则把"风"着落在鼓起的船帆上、柳树的枝条间。远处的两艘船，正在平静的水面上缓缓运行。这幅画带有一些抒情与装饰的意味。船上的人物都以浅色块为底，墨笔略勾数线画出动作，轻倩地点缀其上。柳树环抱之处有座屋宇，楼上的人眺望着江水；柳树之下有座小桥，两位女子一前一后，缓缓行过。这两件作品端然是一则对照记，说明了山乡和水驿风貌万殊。

佚名《江帆山市图》

然而，船上的生活也并不总像《柳阁风帆》里那样静美可观。《江帆山市》图卷同为宋画，却以较为写实的笔墨去描摹，便少了些诗意，多了些辛劳。山脚下，也有《山店风帘》里那样的商铺、酒肆；山深之处还藏着一座寺庙。中景的水面上，一艘大船正在前行，所有人都望着港湾，期待靠岸。船上站着的人清晰可辨，从衣着与发型看，居

于中间的也许是位官员，前后各位大概是他的仆人。行驶的船上挂着装有小动物的笼子，港湾内的船上，也有公鸡和狗。唐诗所谓"鸡犬图书共一船"，于此得到了精确的诠释。

北宋米芾的《吴江舟中诗卷》，是一首非常幽默的诗，也戏谑地描摹了坐船的苦处：这一天船过吴江，风向突变，导致逆风行舟，不得不雇佣纤夫拉船。纤夫坐地起价，与米芾争吵起来，他只得加钱认栽，而这船在人力帮助之下，终于"一拽如风车"，顺利地从泥里挣了出来。

在科学的水利工程普及之前，坐船也许经常需要拉纤。或者其实，今日远离了拉纤的体验，只是因为南方也早改用现代交通工具，不再利用河道而已。罗聘为扬州八怪之一，平生游走江南，他也在一套册页里画过拉船的纤夫形象。远景是波涛浩渺，近处横一条纤道。纤夫都画得极小，只是八个黑影，纤绳尽处的船只却大得多，分明显得人力不足，过程极为艰辛。题语"白月太湖尾"，是南宋人姜夔的诗句。罗聘还能游刃有余地表现这一切，看来从宋到清，行旅体验一直如故。

罗聘《杂画册》

坐船可以是一种长途旅行，而渡船则是跨越河道的短途交通方式。在水网密布的地区，渡河自然也是普遍的需求。南宋画家李唐留下一幅《待渡图页》，

李唐《待渡图页》

画面较为写实。岸这边是个渡口，一艘船停下来，要接准备坐船的人；而岸的那边，是飘渺浩荡的水，虚无的云以及模糊的远山。波涛很急，对岸渺不可见，显得船工也是个危险的技术工种。画面左侧有座亭子，屏风之前坐着一位男士，亭下有人牵马，有人拉车，都是乘客，而渡船刚刚靠岸，船工一手持篙，正沿着跳板走下来。

时间一晃到了晚明，过渡仍是生活的必须，而在绘画表现上已有了些不同。晚明的画家会把渡口当成风景之一加以描绘，待渡的小小景象背后，有浩渺的山水和悠长的历史。袁尚统的《维扬古渡图》，以扬州、

镇江之间的古渡为对象。画面远处是一段城池,城池边的港湾里停着船只,近处有人在等待渡船。在这位画家笔下,渡过长江已经不再有什么危险,古渡口是历史遗迹与自然风貌共同塑造的景观,而"有人渡过长江",成了这景观中的一个情节。

江南有行客,也有居人,行船、过渡之外,在水岸边送别也是常见的情形。明代,苏州出现了一种经典的送别图式,大约肇端于沈周,《京江送别图》即是一例。沈周的友人要到叙州去做官。叙州位于四川,也许要乘船溯长江而上。他便画出一片开阔的江水,尽处一抹遥山,明示对岸,暗示远方。离开的人站在船头,送别的人驻足岸边,彼此作着揖互相致意。

这种构图方式日益流行,唐寅的作品也曾作这样的表现,譬如《垂虹别意图》。垂虹桥是吴江的名胜。画作也是一水两岸,小船儿行到中央,可这幅画里,岸上添了许多交代分明的树木,却没有画人。观看绘画的趣味,不仅在于谁开创了新的构图传统,也要看谁参与其中,对图式进行微调。从此

袁尚统 《维扬古渡图》

沈周《京江送别图》

唐寅《垂虹别意图》

卷题跋可知,这是一场极为盛大的作别活动,有三十余人参与了送行。若是一一交代,难免碍于画意。此外,从艺术欣赏的角度,我们也许可以试着把那些亭亭玉立的树,想像成伫立送别的朋友。

哪怕没走到目的地,船也还是要停的。古代的城市晚上关门。夜晚还未进城的船,就会暂停在城外。《早秋夜泊图》便展现了这样安静而略显落寞的生活情景。一段城墙隐隐可见,城楼高耸在画面右上方,中景一道苇柳,暗示着河岸所在。

导读 027

船舱里自然有人。两艘船中都有一位乘客，仿佛蓝衫的是男，红衫的是女；靠近我们的那船尾，还坐着个年轻的船工。他孤单地把胳膊肘子团在膝盖上，垂下了脑袋。

到了白天，城门开启，船与它的乘客都换了一幅面貌。明人张宏《舟泊吴门》，便是以船进苏州城的热闹景象，来展现这座都市的繁华。张宏是个风俗画家，喜欢表现生活意味浓郁的情境。一艘大船正要钻进城门去，却与其他船挤在一起，谁都动弹不得。船工正努力地用篙子把其他船撑得远些，可是仿佛引起了争执，大家互不相让。画面远处，还有许多船只在航道上排着队，船上的粮包、货物，也许都要提供给苏州城里的居民。如果你坐着船走远路，大约既能领略夜晚的寂静，也会见证白日的喧嚣。

佚名《早秋夜泊图》

既然船是江南最常见的交通工具，乘船行旅的滋味，便无分贵贱，人人得而知之。路上的时光该如何消磨呢？普通人的经验未曾转为文字，不得而知；而文人爱说爱写，留下不少实证。晚明最著名的艺术家董其昌会在船上进行创作。山光水色荡漾人心，也就能唤起许多艺术的灵感。譬如《舟行十景》册，即是在船上随意拈笔而得。这样的例子实在不胜枚举，《佘山游境图轴》自称作于龙华道中。如果历史地名与方位大致不误，今天的龙华已是上海最为繁华的核心区域，可是在董其昌的时代，那里还是一片泽国。

其实，在船上进行艺术创作的历史，要从董其昌的时代再前推好几

董其昌《舟行十景》册

张宏《舟泊吴门》

028　山水舟行远——江南的景观

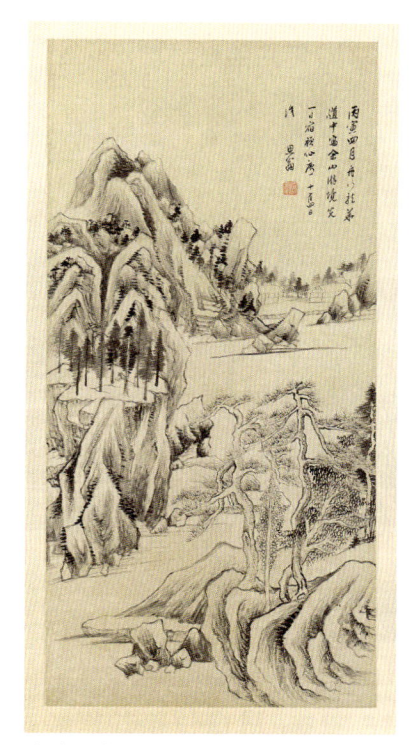

董其昌《佘山游境图轴》

袁江《米家书画船图》

百年：写下《吴江舟中诗》的米芾，为中国艺术史贡献了一个浪漫的概念，就叫"书画船"。米芾曾作过管理漕运的经济官员，乘一艘船在水路上往来，便在船上挂了一块牌子，自称为"米家书画船"。清代初年，袁江画下了《米家书画船图》，为这个美丽的典故赋予了形象。这艘船与古画里的其他船只都不太一样，临窗置一长桌，足以摊开卷轴。船上的人正执笔读书，桌上放着笔架和

董其昌仿黄公望《江山秋霁图》

董其昌仿黄公望《江山秋霁图》—高士奇、宋荦题跋

导读　029

砚台。一个仆人在甲板上垂钓，一个童子在为主人煮茶。可以说这是清人对米家书画船面貌的想象，却也不妨由董其昌的实例推断，它也仍是当时艺术家们亲自见过，亲自坐过的船。

"书画船"要名实相符，自然得装载书画。而"书画"，不必非得由主人亲自创作。董其昌仿黄公望的《江山秋霁图》流传至今，后有题跋若干。在清初，收藏家高士奇带着它坐船来到苏州，江苏巡抚宋荦上船看画，得到了这件礼物，并作了一首长诗纪念此事，其中几句，大意是说：当代最厉害的鉴赏家高先生，今年被皇帝召往北京任职，将家乡所有的书画都带上了。他暂留苏州的时候，真就是把"书画船"停在了胥江岸边啊。

明清的江南，是艺术创作与收藏传统最为繁荣的地方，虽然这"繁荣"也随着时代的变迁有所起伏。康熙时期，帝王对书画作品的兴趣并不强烈，世家大族的藏品慢慢流出，像宋荦和高士奇这样有能力、有才能的官员，便有条件聚起成规模的书画藏品。及至乾隆时代，帝王喜爱书画，大量作品流向宫廷；而清中晚期的江南经历动乱，藏品也难免耗损。可是地理环境形塑的交通方式与生活习惯没有变，读书人的性情与审美也不易改。"书画船"飘飘荡荡，仍然游走在山水之间。晚清常熟翁氏的名臣翁心存、翁同龢父子，即是佳例。他们都曾任工部、户部尚书，主要在北京供职。一生起起落落，则是在北京和江南之间往返。有一年，翁心存从家乡常熟到北京去，理出若干皮箱，撞上了带上船随行的东西。这些行李的账目清单留存了下来，是一份很好的历史材料。

有一个皮箱里面放了些衣料和字画，它们是"董其昌画一轴、蒋虎臣等条幅四轴、王麓台画一轴、王石谷《夏山图》一轴、刻丝佛像一轴、王石谷画一轴、周西邨观音像一轴、马扶羲《杏花春燕》《枇杷》各一

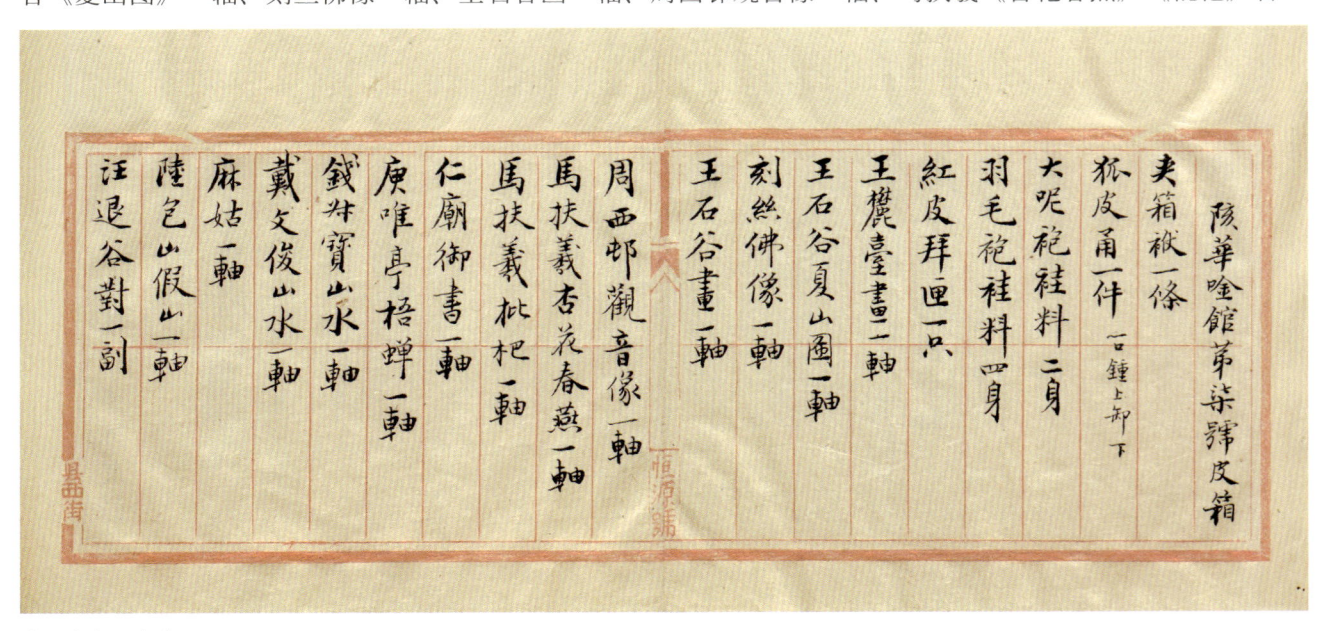

翁心存账目清单（一）

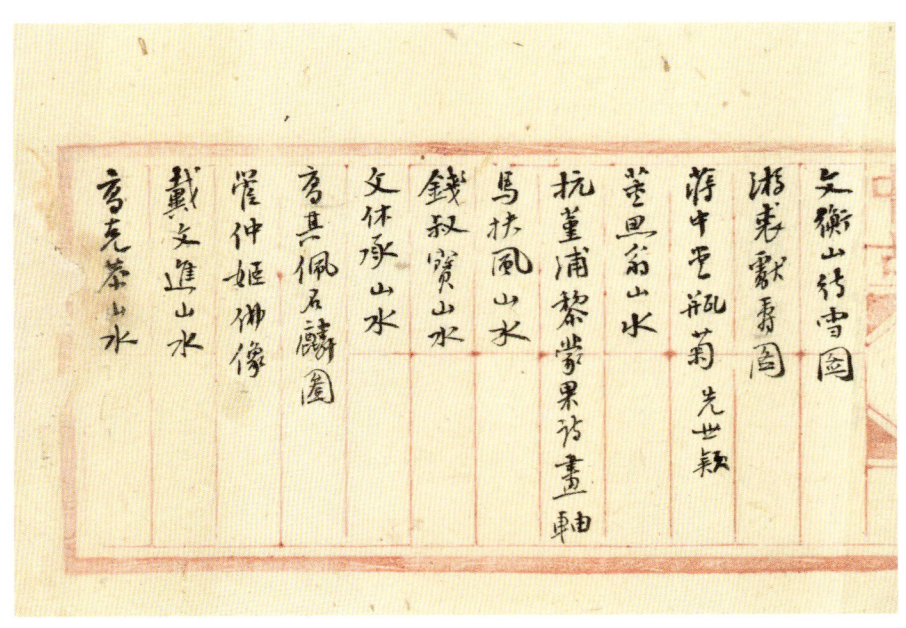

轴、乾隆御书一轴、庾唯亭《梧蝉》一轴、钱叔宝山水一轴、戴文俊山水一轴、麻姑一轴、陆包山假山一轴"。上列的作者，多是清代初年的常熟人，也就是翁心存的老乡们。他离开家乡，也许其实心中恋恋，因而才把这些画家的作品带走。其实，除了这些，他还带了《琴川志》与常熟城的地图，真是舍不下这片水乡故土。

翁心存账目清单（二）

翁心存所藏的作品，后来为其子翁同龢继承，又进入翁同龢家的账本目录，至今可见。在本次"山水舟行远"的展厅中，就有一件翁同龢的画卷。从艺术水准的角度来评论，它不是一幅好画。笔墨的观念、线条的变化、墨色的浓淡、景致的位置关系，"进步的空间"处处皆是。可它有助于了解翁同龢对江南水乡的感情。

画中题语正是董其昌的小诗："十月江南野色分，渔庄荻浦见沙痕。若为剪取吴淞水，着我微茫笠泽云。"直译过来，诗说的是：十月的江南已是枯水期，渔庄边的芦苇已经不再茂密，沙岸露了出来。谁能剪取一段吴淞江水，安顿画家心上这一片太湖的云？翁同龢仍然知道，自己的艺术趣味源自晚明以来的传统；他也见过董其昌熟悉的那片水和云。

能够在展览中看到这样的作品，也许就意味着水乡的往事还不远，我们和传统并未隔绝。

翁同龢《山水卷》

导读　031

园居·舟行

陶元骏

"虽由人作，宛自天开"，"巧于因借，精在体宜"，此为明末造园家计成在其著作《园冶》中提出的精辟论断。园林是隐在城市中的山林自然，虽然出自人为设计修造，呈现之景却宛如是天然造化生成的一般。其巧妙之处在于利用园址的条件加以改造加工，并善"借"园外之景来丰富空间层次，造园时能够依照原材料的状况而精心利用，达到形体适度、大小得宜。

"吴下琴川古有名，放歌落日偶经行。"[1] 江南小城常熟自然环境得天独厚，七溪流水穿城而过，十里虞山半入城郭；让国南来的仲雍、道启东南的言子诸先贤又给这座城市注入了强大的人文基因，使其成为弦歌不绝的诗书之城。"瞻虞山兮，逶迤起伏秀拔如游龙；维芝水兮，浩浩奔腾昼夜直与东溟通。山明水秀诚卓绝，邑遗文学先贤风。"[2] 南朝梁代，昭明太子曾在虞山东麓读书选文，编成《文选》，读书台遗迹至今可觅。随着宋室南渡，北方移民不断涌入，带动了常熟等江南城市进一步繁荣发展，文人造园成为风尚。宋宗室、平江府都监赵不沴虽生长在王侯富贵之家，却乐于闲散，不愿留居京城临安繁华之地，而选择隐于山林，寄情山水，"乃择常熟县开元乡，筑室以处焉。门枕流水面青山，后环清池列乔木，佳花、修竹散植前后。嘉时暇日，与里中好事者以诗酒相为乐。"[3]

元代时，邑人曹善诚在福山营建洗梧园，从福山陆庄一直到虞山北麓的小山一带，跨白龙港，园中亭台楼阁，卉木竹石，延袤数十里。园中种植梧桐数百株，每有客人来访，呼童子清洗之。洗梧园成为江南文人的雅集佳处，盛极一时，名士杨维桢、倪瓒、顾瑛、郯韶等人是曹氏的座上宾。[4] 明代姚宗仪《常熟氏族志》记载了一则倪瓒来洗梧园观荷花的趣闻："福山曹氏在胜国时富甲江南，招云林倪瓒看楼前荷花。倪至登楼，骇瞩空庭，惟楼旁佳树与真珠帘掩映耳。倪饭别馆，复登楼，则俯瞰方池可半亩，芙蕖千柄，鸳鸯、鸂鶒、萍藻、沦漪即成胜赏，倪大惊。盖曹预葧盆荷数百，移空庭，庭胜四五尺，以小渠通别池。花满，方决水灌之；水满，复入珍禽、野草，宛天然。"[5] 曹氏之外，唐代名臣虞世南后裔有一支于北宋末年迁入，成为元代常熟的另一个望族。虞子贤家中经济优渥，且交游广泛，在常熟城西门外筑有别业园林，袁华有《寄虞子贤》诗可窥其盛：

---

[1] 明代沈玄诗作《过海虞》。
[2] [明]顾耿光：《行乐歌》，明嘉靖四十三年（1546）撰。常熟市碑刻博物馆编：《江南言子故里碑刻集·碑碣卷》，上海辞书出版社，2013年，第55页。
[3] 《南宋宗室平江府都监（赵不沴）墓志铭》，中国文物研究所、常熟博物馆编：《新中国出土墓志·江苏·壹·常熟》下册，文物出版社，2006年，第18页。
[4] 李烨：《倪云林常熟友人小考》，常熟博物馆编：《常熟文博论丛》（第一辑）》，文物出版社，2023年，第6页。
[5] [明]姚宗仪：《常熟氏族志》，明万历稿本，常熟图书馆藏。

图1 明故义官劲斋陈公（穗）墓志铭，常熟市碑刻博物馆藏

"虞仲园池芝水濆，华林曲馆远人群。一编岂为穷愁著，万石犹能孝谨闻。玉躞金题书满架，锦衣珠履客如云。悠然坐挹西山翠，宝鸭焚香到夕曛。"[6]

明代的江南经济发达，文化昌盛，常熟园林便如雨后春笋般渐次出现。常熟历年出土的明代墓志的志文中屡见地方文人兴建园林别业的珍贵信息，兹举两例：明正统九年（1444）《故周处士（璇）圹志铭》[7]载志主"晚年惟爱恬静，家事一无所累，辟一室于居之东偏，花木环植，豆觞罗列，日优游于其中。亲友过从，则举酒具肴，真率尽欢而止，故因号曰'清隐'"。成化二十二年（1486）

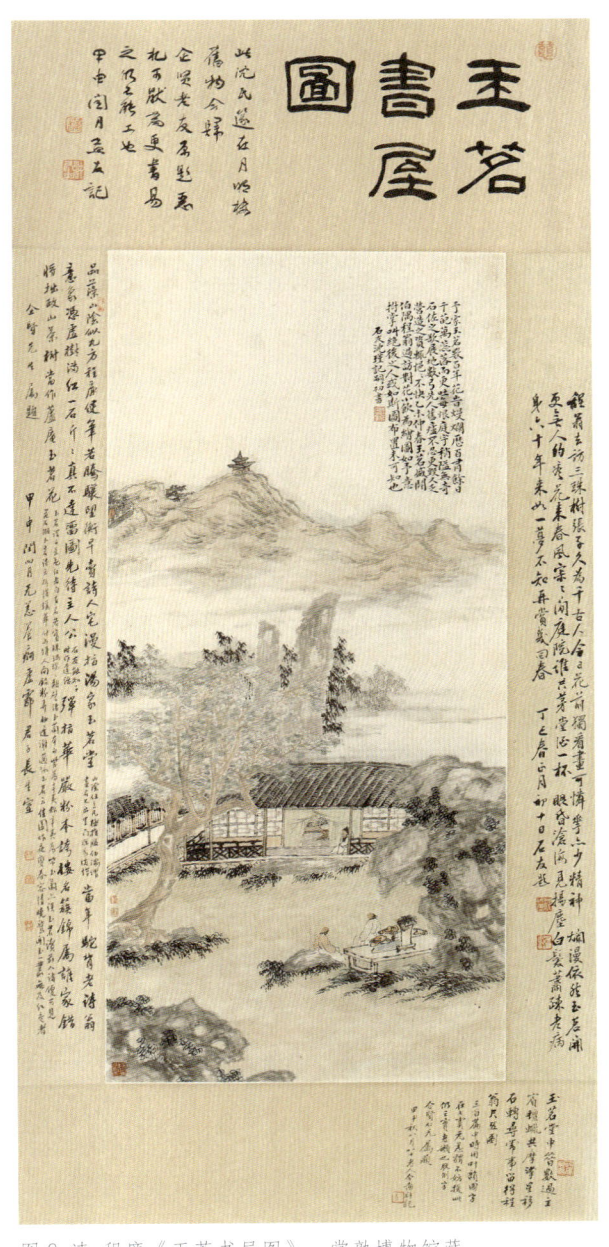

图2 清 程廉《玉茗书屋图》，常熟博物馆藏

---

[6] [清]邵松年编：《海虞文征》下册，广陵书社，2017年，第715页。
[7] 该墓志1996年3月常熟虞山北麓爵过井畔出土，常熟博物馆藏，志文详见中国文物研究所、常熟博物馆编：《新中国出土墓志·江苏·壹·常熟》下册，文物出版社，2006年，第58—59页。

《明故义官劲斋陈公（穗）墓志铭》[8]亦载："以祖居授于兄之子，自营别墅，杂种花卉，广蓄书画，以为娱亲、游息之所。"（图1）

揆以事实，常熟造园归属于江南园林的体系，虽然与苏州府城毗邻，但又因环境特殊而颇具某些地方特色，诚如园林专家陈从周先生所持论："常熟园林与苏州同一体系，因两县的自然条件与经济文化条件相似，其设计方法，自然相近了。但在实际应用时，原则虽同，又因当地的地形与环境有其特殊性而有所出入。常熟为倚山之城，其西部占虞山的东麓，因此城内造园均考虑到对这一自然景色的运用。其运用可分为两种：第一种如赵园、虚霩园等，园内水面较广，衬以平冈小阜，其后虞山若屏，俯仰皆得，其周围筑廊，间以漏窗，园外景物，更觉空灵。第二种，如燕园、壶隐园，园较小，复间有高垣，无大水可托，其'借景'之法，则别出心裁，园内布局另出新意，其法是在园内建高阁，下构重山，山巅植松柏丛竹，登阁凭阑可远眺虞山，俯身下瞰则幽壑深涧，丛篁虬枝，苍翠到眼。"[9]虽然宋代以降，常熟园林营造众多，但经历沧桑岁月，园林大多湮没无存。

晚清诗人、藏砚家沈石友居常熟城西，其宅园背依虞山，虽然占地不大，却自有一方自由的天地。沈氏书斋前有一株数百年的玉茗古树，故而得名"玉茗书屋"。清光绪二十一年（1895）玉茗盛开，蔚为壮观，画家程廉来访，并为沈氏作有《玉茗书屋图》（常熟博物馆藏，图2）。玉茗是白山茶花的别称，此花深受历代文人的珍视和喜爱。北宋黄庭坚《白山茶赋并序》言："此木仅产于临川（今江西抚州）麻源第三谷，别有神韵，树四季常青，花高洁皓白，黄心绿蕊，有异香。"南宋陆游诗《眉州郡燕大醉中间道驰出城宿石佛院》有"钗头玉茗妙天下，琼花一树真虚名"，诗人自注："座上见白山茶，格韵高绝。"明代剧作家汤显祖是临川人氏，所居书斋名曰"玉茗堂"，故其所著四种传奇剧本《邯郸记》《还魂记》（又称《牡丹亭》）、《南柯记》《紫钗记》合称《玉茗堂四梦》，又称《临川四梦》。

《玉茗书屋图》采用山水画平远的构图，玉茗书屋位于画面中心，黑瓦明窗，绿帘轻启，檐下有一人端坐，阶前青草依依。书屋西侧为长廊，屋前庭院环境清雅，玉茗古树挺拔繁茂，花开满树。庭院东侧竖立一座高大的太湖石假山，假山旁的石桌上摆放着灵芝、菖蒲盆景清供，两位文士倚着石桌，赏花对谈。书屋后一派"湛湛湘水绿，夹岸丛篁多"的江南水景，岸边竹林掩映，两峰假山耸立突出。画面远景虞山峰峦连绵，山巅绘有一座二层楼阁，乃虞山名胜、标志性建筑"辛峰亭"（南宋时称极目亭）。此图作者程廉，无署款，仅钤"程

---

[8] 该墓志1957年11月在常熟县虞山镇北门大街西侧人民体育场出土，常熟市碑刻博物馆藏，志文详见中国文物研究所、常熟博物馆编：《新中国出土墓志·江苏·壹·常熟》下册，文物出版社，2006年，第110页。
[9] 陈从周：《常熟园林》，《文物参考资料》1958年第3期。

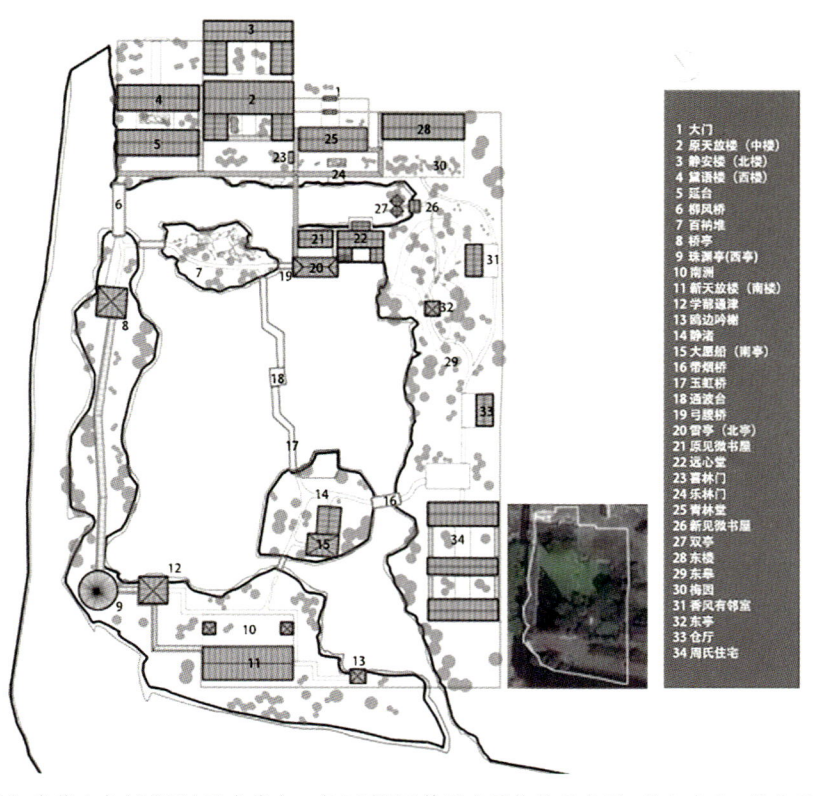

图3 光绪六年(1880)至光绪十二年(1886)静圃宅园格局示意图,引自李晓、阴帅可:《从〈能静居日记〉看赵烈文的营园实践及宅居园趣》(《建筑史学刊》2022年第1期)

图4 清 吴大澂《静溪图》横披,常熟博物馆藏

"廉""伯隅"两印,沈石友好友张云锦(字嗣初)在画面上方手录的沈氏记文:"予家玉茗数百年,花时燨烂,历百有余日,千葩万蕊,落而更吐。每恨庭宇稍隘,无奇石佐之。欲展地数弓,先人旧庐不忍更毁,又乏营造之资,辄悒悒不快。乙未仲春,玉茗盛开,伯隅程翁过访,对花小饮,为绘图如予意,拊掌叫绝。后之人或如斯图布置,未可知也。石友沈瑾记,嗣初书。"需要指出的是,沈氏记文内容表明此画之景物只是部分写实,画家程廉根据受画人(亦是书斋主人)沈石友的要求对园林布局作了理想化处理,将其主人因现实因素(不忍毁坏先人旧庐,又缺乏营造的资金)而无力营造的奇石假山,于书斋前的庭园中特别"布置"出来,因此沈氏对此图甚是满意,不禁"拊掌叫绝"。二十二年后的丁巳年(1917)春天,玉茗盛开依旧,但是友人张云锦、程廉已逝去,沈石友垂垂老矣,茕茕孑立,独自看花,感叹来日无多,内心十分惆怅寂寥,故而在此画轴裱边上题诗三首:

程翁去访三珠树,张子久为千古人。今日花前独看画,可怜花亦少精神。

烂漫依然玉茗开,更无人约看花来。春风寂寂闲庭院,谁共茅堂酒一杯。

眼昏沧海见扬尘,白发萧疏老病身。六十年来如一梦,不知再赏几回春。

与沈石友建造园林的有心无力，无奈之下仅能通过"命题"作图的方式来实现其造园理想的矛盾心理相对照，曾国藩的重要幕僚、阳湖（今江苏常州）人赵烈文则是一位江南文人造园的实践者，他花费二十余年时间，在常熟城中的西南一隅构筑起著名的"静圃"。（图3，此园历经时代更替，其结构基本留存，2003年经修复后对公众开放）。太平天国运动被镇压后，清同治四年（1865）七八月间，赵烈文乘舟走访扬州、常州、苏州、常熟多地，相看宅园数十处之多，综合考量价格、风水、景观、改建费用等因素后，认为常熟城外的西庄空地和城南九万圩吴氏芷园旧址两处较为适宜。而吴园"其地临水，西山翼然如张翅，向之全城无此胜境"，但是园景已废，"见荒土一片，南一大池"。[10] 赵烈文最终与吴家商定出价一百两银子购入此地。并对吴园加以修筑，于当年十一月举家乘舟迁往常熟。因赵烈文号能静居士，故园池得名"静溪"，园子称作"静圃"。历经光绪元年（1875）、光绪四年（1878）、光绪六年（1880）三次改建及翻新，东北住宅区域楼阁廊亭有序增加，形成以静溪为中心，"一洲、一堤、二岛"丰富的园林景观。[11] 光绪四年（1878）二月[12]，吴大澂雇船与徐子晋[13]一同游览虞山、尚湖，拜访常熟友人杨沂孙、曾观文，在常熟盘桓十日之久。恰逢赵烈文新修筑的"静圃"落成，赵氏盛情邀请吴大澂等人游园、宴饮，尽欢数日。吴大澂归家后，精绘《静溪图》以酬谢园主，为后世留下来晚清江南园林的图像资料（图4）。此图采用平远法构图，画面中心大片水面即为静溪，远景青青虞山横卧，形如画屏，东南山巅绘有极具辨识度的景观"辛峰亭"。园子以水景取胜，景点皆环静溪而构，亭台楼阁、假山花木参差错落。静溪以北主要是居住区，供生活起居、藏书读书之用，主要建筑有黛语楼、天放楼、见微书屋、远心堂等，登楼推窗北眺虞山如黛，转向南面则可俯瞰园景，静溪波平如镜，倒映虞山及园中四周景物。环绕静溪遍植垂柳，俯仰生姿，溪中种植荷花。盛夏时节，园主临水观荷消夏，"红莲千挺，敷荣向人"[14]。在荷香柳色中，隔水听曲自有一番妙趣："晡食毕，命歌者至南亭度曲，坐北亭隔水听之，音节嘹亮，觉荷香柳色益增芳丽。"[15]

天放楼前小渚上堆叠假山一座，名曰"百纳堆"，在构筑意匠方面十分别致，于光绪四年（1878）八月初四告成，"用工九十有八。自池底至峰巅崇二丈，名其中峰曰'忘忧之台'，树以萱草。东小峰临钓矶，名曰'操牺碣'。西峰如屏，下为平台，瞰池前后二柱，名曰'招隐窝'。环植林檎一、柏四、桂二、蜡梅一、红白

---

[10]〔清〕赵烈文著、廖承良标点整理：《能静居日记》（二），岳麓书社，2013年，第929页。
[11] 李晓、阴帅可：《从〈能静居日记〉看赵烈文的营园实践及宅居园趣》，《建筑史学刊》2022年第1期。
[12] 吴大澂《静溪图》题款中的年月可能为误记，查吴大澂年谱、赵烈文日记均无光绪四年吴氏访常熟的记录，吴大澂游虞山应在光绪三年（1877）三月。吴大澂《愙斋自订年谱》："光绪丁丑（即光绪三年）三月游虞山，访杨咏春先生沂孙，纵谈古籀文之学。先生劝余专学大篆，可一振汉唐以后篆学萎靡之习。"赵烈文《能静居日记》光绪三年三月十六日记："早发齐门，午刻抵家，……吴清卿（大澂）、陆云生、涑文、赵作人来访，观余藏金石，良久去。"
[13] 徐康（1814—1888），字子晋，号窳叟、玉蟾馆主，长洲（今江苏苏州）人。诸生，博雅嗜古，精于鉴赏，擅书法。著有《前尘梦影录》《石室秘藏诗》《窳叟墨录》等。
[14]〔清〕赵烈文著、廖承良标点整理：《能静居日记》（四），岳麓书社，2013年，第1970页。
[15]〔清〕赵烈文著、廖承良标点整理：《能静居日记》（四），岳麓书社，2013年，第1971页。

槿花一、柽柳三、十大功劳一。"¹⁶ 静溪中部架设石板平桥，连通南北两岸，称作"渐波阁道"，桥面一侧围有朱漆栏杆。静溪以南建有南亭、假山、带烟桥等，赵烈文还别出心裁，在南亭内设置大玻璃镜以映照静溪、虞山，构成了实景的"画屏"，丰富了园景的层次，令游园者产生亦真亦幻之感。¹⁷ 静溪东北有丛竹猗猗、梅林丛丛（图5、图6）。

左：图5 赵氏静圃，摄于20世纪30年代。右：图6 静圃今貌

在园子西北侧、紧靠住宅建有单孔石拱桥名"柳风"，为静溪水口所在，与园外的九万圩相通，也是乘坐小舟出入宅园的通道，距离常熟阜成门（西门）水关甚近。经由此等精心的设计，静圃主人一家乘舟出行极为便利。园林无论多么精巧，也只能是城市中的咫尺方寸之地，天天观赏也会变得乏味，于是园主出游访友成为一种常态，沿途于舟中观景亦是乐事。如果再加入江南的蒙蒙细雨，则更富诗情画意。赵烈文平日常去苏州、常州等地游玩，《能静居日记》光绪三年（1877）十月初四日如是记载："午刻偕南阳君（即赵妻邓嘉祥）成行，……由园池棹小舟，至西关下登大舟即发，雨中山色冥蒙，云气瀚郁，秋林红叶，若美人新沐，嫣润天成。凭舷清话，不啻拔宅飞升，初登云路也。"¹⁸

一叶扁舟，不仅仅是普通的交通工具，也是文化艺术的重要载体。傅申先生指出："自绘画中心南移之后，书画家的交通以水路为主。而船的容积够大，能容纳书桌，也够稳定。中国幅员广大，在船上往往经旬，于是塑造出'书画船'的特殊传统，最早始于宋代米芾。"¹⁹ 米芾的一些书札落款清楚地标明"写于舟中烛下"，其好友黄庭坚曾作诗《戏赠米元章》："万里风帆水着天，麝煤鼠尾过年年。沧江静夜虹贯月，定是米家书画船。"传顾恺之《洛神赋图卷》（故宫博物院藏）虽是宋人的摹本，但描述的是魏晋故事，此卷据曹植《洛

---

¹⁶ [清]赵烈文著、廖承良标点整理：《能静居日记》（四），岳麓书社，2013年，第1886页。
¹⁷ 光绪六年（1880）正月二十六日《能静居日记》："建大镜于南亭，为溪山写照。"[清]赵烈文著、廖承良标点整理：《能静居日记》（四），岳麓书社，2013年，第1956页。
¹⁸ [清]赵烈文著、廖承良标点整理：《能静居日记》（三），岳麓书社，2013年，第1825页。
¹⁹ 傅申：《"书画船"——中国文人的"流动画室"》，上海博物馆编《南宗正脉——画坛地理学》，北京大学出版社，2012年，第157页。

左：图7 传顾恺之《洛神赋图卷》（局部），故宫博物院藏。右：图8 传顾恺之《洛神赋图卷》（局部），故宫博物院藏

神赋》文本创作，卷末绘曹植乘轻舟溯流追赶洛神，船舱前方却挂着一幅山水画，这显然是标榜文人风雅的特定装饰。曹植兼具文人与贵族的双重身份，从画家的创作心态来看，此船很有可能反映了宋代人心目中的"书画船"形象（图7、图8）。

明清时期，"书画船"之风在文人中更加普遍，成为一种独特的文化现象。著名的《秋兴八景图册》为董其昌六十六岁泛舟吴门、镇江时所作，绘秋景山水八开，落款有"庚申中秋吴门舟中画""庚申八月廿五日舟行瓜步大江中写此""庚申九月京口舟中写"等。其中一开款题"庚申八月，舟行瓜步江中，乘风晏坐，有偶然欲书之意"，从中尤可窥见"书画船"的平稳轻便，以及文人晏坐其中的舒适惬意。

吴大澂是晚清著名的鉴藏家，除嗜好鉴藏金石、古玉外，平日寓目书画名迹也不在少数，元代朱玉《揭钵图》卷（浙江省博物馆藏）、明代董其昌《山水》卷（南京博物院藏）均留有其题跋、观款。在书画鉴赏之余，他还对心仪的作品勤加临摹，曾数次临摹清代名家恽寿平、禹之鼎的作品。[20] 清同治八年（1869）三月，吴大澂时年三十五岁，刚步入仕途，偕长兄吴大根至武林（今浙江杭州）同游西湖十日，遍览灵隐寺、天竺寺诸名胜，并写图纪游。[21] 在乘舟返回家乡苏州的归途中，恰是暮春好时节，吴大澂于松陵（今苏州市吴江区）道中"见岸旁古树在破寺颓垣间，老干蟠屈如游龙，新绿满身，浓翠欲滴"，仿佛置身于乌目山人[22]的画本之中，"不觉技痒"，乘兴绘《古寺乔木图》扇（图9）。这件山水写生之作是清代文人于"书画船"上进

[20] 李军：《结古欢：吴大澂的访古与鉴古》，浙江人民美术出版社，2022年，第95页。
[21] 顾廷龙：《吴愙斋先生年谱》，燕京学报专刊之十，哈佛燕京学社，1935年，第27页。
[22] 王翚（1632—1717），字石谷，号乌目山人、耕烟散人、剑门樵客、清晖老人等，江苏常熟人。虞山画派创始人，师从王鉴、王时敏，其绘画以山水为主，擅长摹古，融会南北诸家之长，创立了所谓"南宗笔墨、北宗丘壑"的新面貌，被称为"画圣"。与王时敏、王鉴、王原祁合称"四王"，"四王"与吴历、恽寿平并称"清六家"。

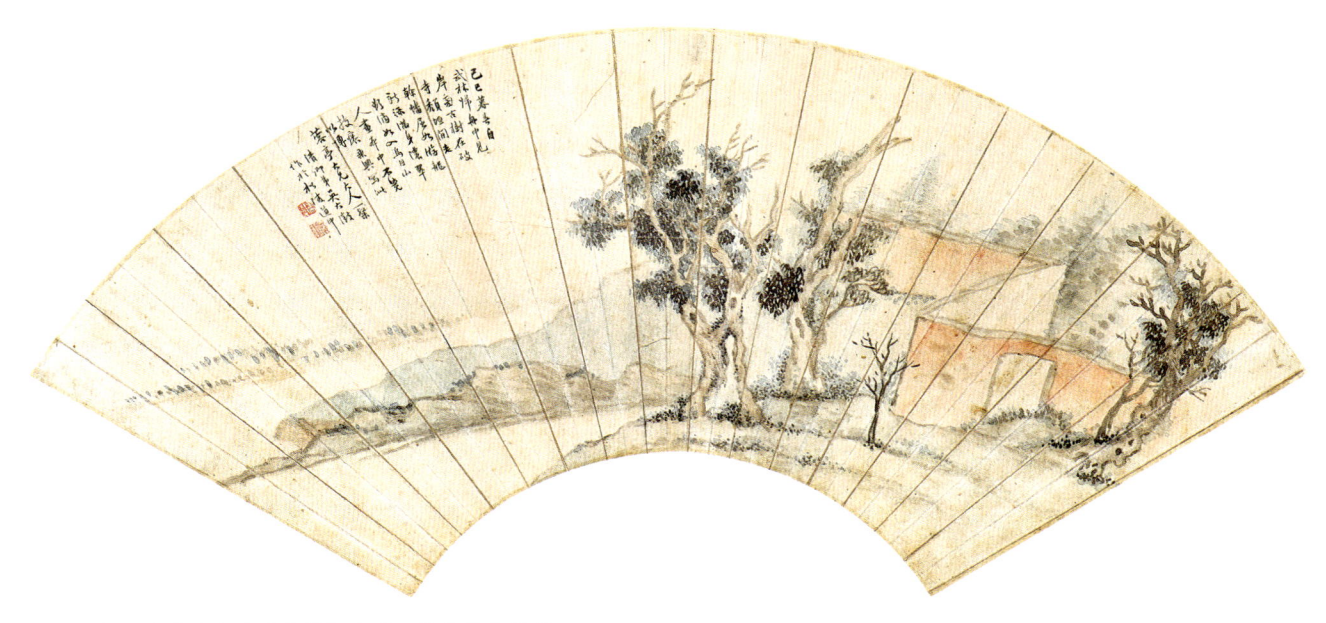

图9 清 吴大澂《古寺乔木图》扇页，常熟博物馆藏

行艺术创作的例证之一。值得注意的是，虽然此时的吴大澂在绘画笔法上显得有些稚嫩，而其题款文字却已明确地透露出作者的信心十足与意气风发。

  无论园居，还是舟行，皆是古代文人雅士的生活日常，这两种状态随其心境而自由切换。园居是一种隐，园门一闭，"大隐于市"即可轻松实现，于怡然自得之中读书听雨，物我两忘；亦可邀约三五好友园中雅集，观景赏花，品茗听琴，抑或饮酒赋诗，何等畅意。舟行是一种显，所谓"读万卷书不如行万里路"，[23] 泛舟而行，或徐或急（取决于船的类型和水流速度），可览舟外步移景换；舟中安坐，铺陈开法书名画、古董珍玩，赏鉴把玩一番；行至一地，停棹暂泊，遂弃舟登岸，探名胜，谒亲友，觅好物，尝美食，其妙处自是不可胜数。随着近代以来工业化、城市化的浪潮席卷全球，星星点点的江南园林转变为游客如织的旅游景点，沿用数千年的江南舟楫化身大众休闲的游乐设施。传统意义上的园居和舟行与我们的日常生活渐行渐远，然而古人的山水园林图卷为当代人打开了一扇时空之门，由此我们可以实现某种程度的古今对话，感悟自然山水间所蕴含的所谓"仁者乐山、智者乐水"的哲学精神。

癸卯初秋落笔于岭南松山湖畔

---

[23] ［明］董其昌《画禅室随笔》卷二。

第一单元 溯源山水精神

　　亲近山水、热爱山水的习性是自古根植于江南人血液中的，传承千年，历久弥新，山水是江南文化之基。火耕水耨，早在新石器时代，江南先民就开始于此稻作、渔猎为生，崇尚自然、尊重自然是江南文化中独特的生存智慧。春秋战国时期，吴越争战，山川湖泽成为天然防御屏障。以山脉为垣，修筑城池；以水路为途，建制"舟师"，吴越两国临水而战，利用山水发展文明。西晋衣冠南渡，南下的士人面对清旷灵秀之景，曲水流觞、饮酒赋诗，他们对江南山水之美有着积极的追求，由此促进了自然审美的发展。唐宋两代是江南审美史上的高峰时期，诗词、山水画推陈出新，"吴中好风景"记录在诗册、画卷里。到了明清时期，市镇与自然的分割程度超越前代，但这并不影响人们对亲近山水的渴望。城林中造园艺术盛行，叠山引水，不出城而得山水之乐；郊野外文士足迹遍布，登山临水，置身实境品山水之胜。

　　回望江南历史，溯源山水精神。尊重自然，利用自然，审美自然，江南人寄托于山水中的情感，对山水文化的追求，一脉相承。

（一）依水而生

依托江南地区优越的自然环境，早在旧石器时代，这片沃土上即有人类活动痕迹。到了新石器时代，环太湖地区马家浜文化至良渚文化的演进，向我们直观再现了先民如何开发、利用水资源发展稻作农业的进程。"古者观落叶，因以为舟"，考古资料表明，长江流域是中国舟船重要的发源地，距今约8000年的江南生民已拥有刳木成舟的智慧。稻作、渔猎的生存方式彰显着人地关系建立之初即成的和谐统一。因地制宜，就地取材，早期社会顺应自然、崇拜自然的生产生活方式正是江南山水精神的雏形。

1
陶网坠

新石器时代
长 5.6 厘米，宽 3.1 厘米
草鞋山遗址出土
吴文化博物馆藏

泥质红陶，呈圆棒状，两端各有一圈竖向绳槽。

网坠，后世俗称"网脚"，是鱼网上的辅助工具，新石器时代先民使用的撒网、拉网均要用到网坠。其中，撒网最能体现网坠之"坠"的功能，它适用于浅水区域，整体呈圆锥形，在网的顶端结有一条长绳，下网缘向内折成夹边作囊网，网缘上绑着网坠。使用时将网抛撒成圆形罩向水面，在网坠的重力作用下，快速下沉逐渐收拢，使鱼进入夹边或被包缠网中，随即起网捕捉。

2

陶纺轮

新石器时代
直径 4.7 厘米,厚 1.25 厘米;直径 7.5,厚 1.2 厘米
草鞋山遗址出土
吴文化博物馆藏

  泥质红陶,圆饼状,一面扁平,一面圆凸,居中穿孔,有使用痕迹。
  纺织的产生,源于人类抵御自然界低温,加强身体防护的需求。旧石器时代的古人依靠猎取的兽皮作为衣物,而新石器时代纺轮的发明则为人类利用纤维材料大量制作布料进而生产衣物提供了技术支撑。
  纺轮是和捻杆配合使用的,捻杆为直径合适的细长木杆或骨杆。操作时,把纺轮套在捻杆之上,快速地捻动捻杆,带动纺轮旋转,利用旋转的惯性把几股纤维交缠成一体,即纺成线,纺好的线则缠绕在捻杆上。

3
有孔石斧

新石器时代
长 9—12 厘米，宽 5.2—7.8 厘米
草鞋山遗址出土
吴文化博物馆藏

　　斧是一种复合装柄工具，其安柄使用方法近于今天的斧头，属横向装柄。石斧有着悠久的发展历史，早在旧石器时代就出现了手握式石斧，但不经磨制。随着原始农业的发展，石斧的形状进一步固定，使用率也大大提高，在砍伐树木、开垦荒地过程中起到了重要的作用。

4

石耘田器

新石器时代
长 13.7 厘米，刃宽 14 厘米，厚 0.5 厘米
草鞋山遗址出土
吴文化博物馆藏

　　灰色页岩质，磨制精细。略呈月牙形，圆弧刃，凹弧背，弧边内收，翼角翘起，背中部有凸榫，下有圆形穿孔，便于安柄捆绑。

　　石耘田器是良渚文化的典型器物，杭州水田畈、吴兴钱山漾、吴江梅堰、苏州龙南、常州武进寺墩、苏州越城、昆山绰墩、上海金山亭林等地均出土有同类石器。它应是良渚时期稻作技术发展后，专门用于耕耘除草的工具。

5
炭化芦席

新石器时代
草鞋山遗址出土
吴文化博物馆藏

芦席，用芦苇编织而成。在草鞋山遗址马家浜文化层中，发现了居住遗迹、灰坑，出土篾席、芦席等遗物，对我们研究马家浜文化时期江南先民的居住环境具有重大意义。

席是人类最早使用的家具之一，先民们为了保证居住的舒适性，于是就地取材，将芦苇、蒲草、竹等植物纵横编织或斜向人字形编织成席，铺垫使用，达到防潮、防虫的效果。

6
炭化稻谷

新石器时代
草鞋山遗址出土
吴文化博物馆藏

  我国是世界栽培水稻的起源地之一。在距今 8000—6000 年我国已有比较成熟的稻作农业，长江中下游的诸多新石器时代遗址中都发现有人工栽培的稻粒，草鞋山遗址就是其中之一。

  草鞋山遗址在马家浜文化时期，地貌类型为高台平原，存在垅岗和洼地，呈丘陵起伏状，分布有河塘、沼泽、小型湖泊和浅水洼地。土壤为粘质土壤，具有良好的蓄水性。优越的自然环境为史前人类种植水稻创造了有利条件。

7
有孔石铲

新石器时代
长 11.5 厘米，宽 7.1 厘米
草鞋山遗址出土
吴文化博物馆藏

器体扁薄，磨制光滑，上端近平，下为弧刃，侧边微束，中上部有一个对钻穿孔。石铲是新石器时代中后期的主要生产工具之一，用于垦荒、翻地。

8
鱼鳍形足陶鼎

新石器时代
高 13 厘米，口径 15.6 厘米
草鞋山遗址出土
吴文化博物馆藏

器为夹砂红陶，敞口，弧腹，三鱼鳍状足。

鱼鳍形足鼎特征鲜明，是良渚文化时期的典型陶器造型。史前时期，稻谷还没有被大规模种植，渔猎仍是江南先民获取食物的重要方式。鱼类作为必不可少的食物，成为人们生存的依赖。因此，也自然演化为被崇拜的物象。

9
黑衣陶贯耳壶

新石器时代
高 12.55 厘米，口径 12 厘米，足径 9.8 厘米
澄湖遗址出土
吴文化博物馆藏

　　泥质黑衣陶，方唇，直口，矮颈，微折肩，鼓腹，平底外凸，腹部置对称的贯耳一对。
　　壶为盛水日用器，壶身置贯耳可穿绳悬挂，以作汲水器使用。澄湖遗址发现有大量史前水井，利用陶壶、陶罐在水井中获取生活、生产用水，足见江南先民的生存智慧。

10
鱼篓形黑衣陶罐

新石器时代
高 10.2 厘米，直径 7.8 厘米
澄湖遗址出土
吴文化博物馆藏

泥质黑衣陶，直口方唇，高领溜肩，鼓腹平底，两侧置对称贯耳，整器呈鱼篓状。

鱼篓形陶罐在良渚文化遗存中较为常见，这种现象反映出在河湖密布的自然环境下，江南先民"饭稻羹鱼"的生活，以及人与自然和谐共生的社会图景。

11

彩绘陶盆

新石器时代
高 5.1 厘米，直径 22.6 厘米
澄湖遗址出土
吴文化博物馆藏

泥质黑衣陶，圆唇，敞口，浅腹，平底。口沿内施三周弦纹，并置二个针眼小孔。

盆为日用盥洗器，造型较为简单，器型变化较小。盆的出现无疑大大提高了水使用的灵活性，洗涤衣物、身体清洁等用水场景一定程度上脱离了河流、池塘等水源地的限制。

12
单孔石斧

新石器时代
长 17.1 厘米，刃宽 12.3 厘米，厚 1 厘米
澄湖遗址出土
吴文化博物馆藏

　　器体扁厚，略近梯形，上部稍窄，顶边斜平，下部较宽，弧刃起翘，侧边斜直，中上部有对钻穿孔。
　　斧是一种古老的生产工具。早在旧石器时代已出现手持使用的石质手斧，被用作宰割猎物的屠刀或砍伐的工具。至新石器时代，石斧普遍流行，装上木柄后成为先进高效的复合工具，用于砍伐树木、制作竹器，是原始农业时代十分重要的石质工具。

13
葫芦形黑衣陶罐

新石器时代
高 21.5 厘米，直径 6.6 厘米
澄湖遗址出土
吴文化博物馆藏

  罐作为一种盛器，是良渚文化陶器的重要一员，葫芦形的罐则较少见。根据考古资料，早在 7000 多年前的河姆渡文化罗家角遗址、马家浜文化遗址及福泉山、水田畈、龙南等良渚文化遗址，均有葫芦种子出土，说明葫芦广泛栽植于史前时代的江南地区。

  远古先民在猎取食物时常需与水搏斗，具有浮力性的自然物即成为最初的渡水工具。葫芦具有体轻、防湿性强、浮力大等特点，所以很早就被人们作为浮具来使用。《国语》中记载"夫苦匏不材于人，共济而已"，说的就是利用葫芦渡水。

14
鹿角

新石器时代
长 19.5 厘米
澄湖遗址出土
吴文化博物馆藏

鹿角是长江中下游新石器时代遗址中较为常见的一种动物遗存，以梅花鹿、麋鹿为主，除鹿角外，陆生动物中以猪、牛、犬为主，水生动物发现有鲤鱼、蚬、螺丝、田螺等，从出土动物的骨骼可以看出人们肉食来源的主要途径。

15

石犁

新石器时代
高 24.3 厘米，刃宽 27.5 厘米，厚 1.8 厘米
澄湖遗址出土
吴文化博物馆藏

  在新石器时代晚期的环太湖流域，人口快速增长，水田农业发达，社会生产力呈现出大跨步式的发展，基于技术创新而产生的各种生产工具层出不穷。石犁的出现和大量使用说明农业的生产模式由广种薄收转向精耕细作，大大提高了农业生产率和土地利用率。

16
带把三角形石刀

新石器时代
高 18.4 厘米，刃长 18.7 厘米
澄湖遗址出土
吴文化博物馆藏

刀身略呈三角形，向上斜出方形短把，刀背近直，刀刃后直前弧，短把与刀背相接处略内凹。此种石刀是良渚文化的特色产品。新石器时代的石刀主要是手握刀背使用的，背部或直或弧，而新石器时代晚期的良渚文化则出现了这种新型的带柄石刀，更加便于手握使用，十分先进。

17

陶纺轮

新石器时代
径 3.0 厘米左右，厚度约为 3.5 厘米
常熟博物馆藏

　　夹砂陶质，锥形，器身饰有弦纹多道，中间开有一圆孔，用于插入捻杆。作为史前人类普遍使用的纺纱工具，纺轮是现代纺锭的鼻祖。

18
良渚文化黑衣弦纹双耳壶

新石器时代
口径 7.6 厘米，底径 11 厘米，高 12.5 厘米
常熟博物馆藏

　　泥质灰胎，胎质细腻，制作规整，外表呈黑色。壶口微外撇，高颈，肩塑圆形双耳系，圆腹，壶腹部饰四道凸棱弦纹，伴有细刻划纹。平底，底部有三小足。

19

崧泽文化镰形石刀

新石器时代
通长 16.5 厘米，通宽 5.2 厘米，通厚 0.5 厘米
常熟钱底巷遗址出土
常熟博物馆藏

新石器时代的农业生产工具，主要用于秸秆作物和牧草的收割。通体磨制，弧刃，刃部扁薄，刀背微弧，后端有矩形缺口，便于系绳和安装木柄。

20
崧泽文化石纺轮

新石器时代
径 5.5 厘米，厚 1 厘米
常熟钱底巷遗址出土
常熟博物馆藏

圆饼形，器型规整，在其中心以对钻法开一圆孔。纺轮为纺织用具，大多呈圆饼形，中间有穿孔，以插入捻杆，用于捻纤维成线。纺轮早期多为石制，后改为以陶瓷或青铜制作。

21
崧泽文化石犁

新石器时代
通长 20.3 厘米，通宽 10.2 厘米，通厚 1.6 厘米
常熟博物馆藏

石质坚硬，扁平而薄，呈倒三角状，前端尖锐，石刃夹角约呈 45 度，刃部有使用痕迹。石犁是崧泽文化晚期出现的新型生产工具，它的发明改变了土地耕作模式，由原来的锄耕变为犁耕，劳动效率显著提高，使大面积耕种成为可能，为农业生产力的发展奠定了基础。

22

崧泽文化穿孔石刀

新石器时代
通长 11.5 厘米，通宽 2.8 厘米，厚 1 厘米
常熟博物馆藏

呈细长扁条形，素面无纹。直脊稍厚，顶端钻有一圆孔，弧刃，略有残损。其功能至今未有定论，有人认为是作为农业工具使用的破土器，也有学者经过痕迹分析认为是用来切断植物茎叶的铡刀，也有说是庖厨用刀。

23
崧泽文化石网坠

新石器时代
长 6 厘米，最大径 2 厘米
常熟博物馆藏

　　粉砂岩质。方柱形，表面经打磨光滑平整，两端有凹槽（绳槽）用于系绳，把网坠固定在渔网上，称为双缢形网坠。采集渔猎是早期人类先民获取食物的主要方式，网坠结系在渔网的下端，起到使渔网迅速下沉的作用。

24
良渚文化石镰

新石器时代
通长 10.5 厘米，宽 5.5 厘米，厚 0.7 厘米
常熟博物馆藏

　　由片状条石磨制而成，呈扁平状，近长方形。四周略弧，斜直背，刃稍钝。左侧置一斜向上外凸镰柄，柄部较窄，便于系绳装柄。石镰是新石器时代的农业生产工具，主要用于农作物和牧草的收割。使用时，常在镰刀一端捆绑木柄，一手将农作物攥成束，一手持柄挥镰切割。进入青铜时代后，石镰逐步被青铜镰所取代，至战国，铁镰开始出现，后逐渐普及并延用至今。

25
良渚文化有段扁石锛

新石器时代
通长9厘米，通宽5.5厘米，厚1厘米
常熟博物馆藏

  器身扁平，略呈梯形。背平直，刃口斜削似刨刀状。一面光滑，另一面中部置一横脊，略高于其下部分，将锛身分两段。有段石锛是中国东南部新石器文化的重要特征之一，也是良渚文化先民日常使用的生产工具，将石锛装上木柄可用作砍伐、刨土。

26
良渚文化石斧

新石器时代
通长 15.5 厘米，
通宽 10 厘米，
通厚 1.5 厘米
常熟罗墩遗址出土
常熟博物馆藏

　　器身扁平，圆弧刃，形状似钺，上部开有两面对钻而成的小圆孔。作为生产工具的石斧后来演变为武器，又进一步演变为礼仪用器——钺，象征着部族权力，成为部落首领所独有的王者之器。

27
良渚文化石锛

新石器时代
通长 8 厘米,通宽 5 厘米,通厚 0.8 厘米
常熟罗墩遗址出土
常熟博物馆藏

器身扁平,呈长方形,一面平直,一面中间微凸。背平直,单刃,刃缘斜向。石锛是中国史前时期的常见石器生产工具,将石锛装上木柄可用作砍伐、刨土,流行使用于长江流域及岭南地区。

28
有段石锛

新石器时代
长 8.2 厘米，宽 3.4 厘米，厚 1.55 厘米
澄湖遗址出土
吴文化博物馆藏

  有段石锛是用来制作独木舟等木制物的复合工具。在石锛上部嵌入木柄榫孔，再辅以绳索系牢，使用时上下挥动刳刨削平木。在制作独木舟时，树干坚硬而难以挖凿，所以需将树干上涂满湿泥巴，再将需要挖凿的部位用火烧焦，使其变得松脆，而后再用石锛挖凿。杭州萧山跨湖桥遗址出土的独木舟头部上翘，离船首 25 厘米处有一处面积较大的黑碳质，应是借助上述方法挖凿制成。

（二）临水而战

春秋战国时期诸国战争四起，吴楚越三国争霸东南。江南水网密布、河流纵横，吴、越以擅长舟楫著称海内，水军成为此期重要的军事力量。为满足战船需要，各国亦拥有大型官办造船场。《越绝书》记载："水行而山处，以船为车，以楫为马，往若飘风，去则难从。"可见用船之盛。吴王阖闾时建立了强大的水上舰队，更制定有完整的水师编制和水战之法。

因水而生，临水而战，舟楫便利的不止是渔猎，更承载着吴越的大邦之梦。从顺应自然以生存到利用自然来扩充疆域、发展文明的演变是江南山水精神扎实根基的见证。

1

楚王邵戈

春秋
长 28 厘米，宽 12 厘米
吴文化博物馆藏

  直援，中胡，阑侧两长穿一小穿，内部有一横穿，后部饰双线纹。胡部铸有铭文：楚王邵之行□。

  楚王邵，即楚康王，春秋时期楚国国君，公元前 559 年—前 545 年在位，相当于吴王诸樊时期。吴、楚两国间的水战频繁，根据文献记载可以追溯到楚康王时期。《文献通考·兵》载"用舟师自康王始"，说的是楚康王十一年（前 549 年）夏，"楚子为舟师以伐吴，不为军政，无功而还"。楚康王十二年（前 548 年），吴王诸樊伐楚，以报舟师之役。在诸樊率军攻打到楚国的附庸国巢国时，被巢国牛臣用箭射死。吴王诸樊的死也进一步加深了吴、楚两国之间的矛盾，其后对战日趋激烈。

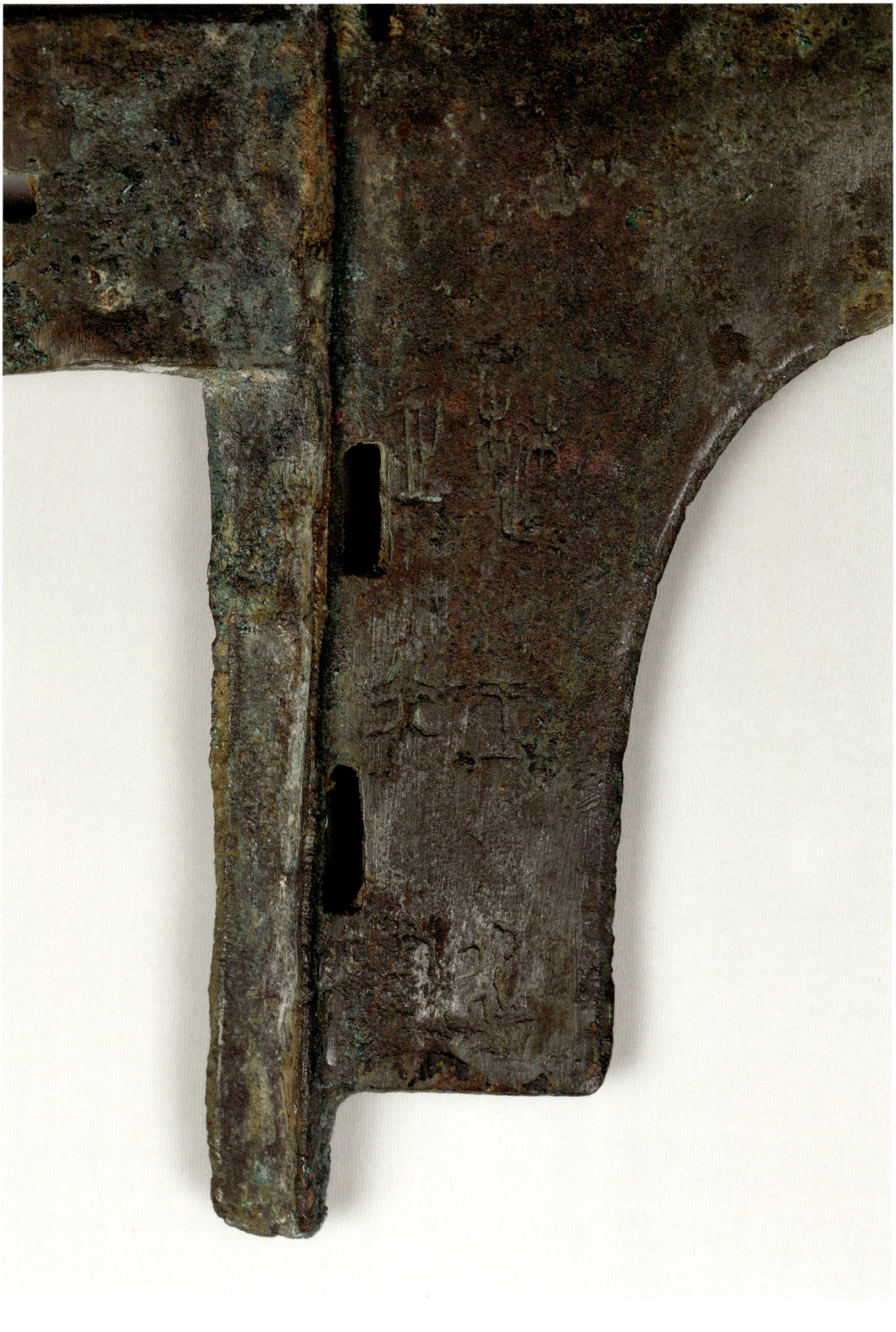

2

青铜戈

战国
长 18.9 厘米
吴文化博物馆藏

　　援面起脊，两侧起刃，顶端聚收为尖锋，胡有三穿，长方形内有一穿，锋尖锐，刃锋利，器表光整，形体精美。
　　戈是用于钩击的最常见的武器，是用青铜铸的牛舌形锋刃器。戈的后部有上下突出的短阑，把末端插入柲内。然后用动物筋或革带把短齿和柲扎结在一起。柲是戈柄的古称。
　　戈流行于商至春秋战国。《楚辞·九歌·国殇》曰："操吴戈兮被犀甲，车错毂兮短兵接。"

3
青铜剑

春秋
长 18.5 厘米
吴文化博物馆藏

  剑身狭长，圆柱体把，剑柄呈竹节状，分为三节，中起脊，剑格略呈三角形，与剑柄相接处以云纹修饰。
  剑这种兵器是商代才开始出现的，当时仅有少数人佩用，还不是普遍使用的兵器。到了春秋晚期，剑作为一种新式武器，装备至军队中最下层的军官。为了作战方便，剑体大大地延长了，更加具有刺杀的效能。
  春秋晚期吴国拥有干将、莫邪等著名的工匠，铸剑术堪称一流。时人评价吴剑之锋利时说："吴粤之剑，迁乎其地而弗能为良。"

4
青铜剑

战国
长 44 厘米
吴文化博物馆藏

剑首外翻作圆形,圆柱体把,剑柄呈竹节状,分为三节。一字形格,剑身中部起脊,脊线厚重,富有力量感。剑身修长,两度起弧,有利于穿刺。两侧起刃,顶端收聚成锋。

春秋晚期至战国,青铜剑极为流行。当时的吴国和越国是优质剑的著名产地。1965 年湖北江陵出土的越王勾践剑,是当时最高水平的铸品。

5

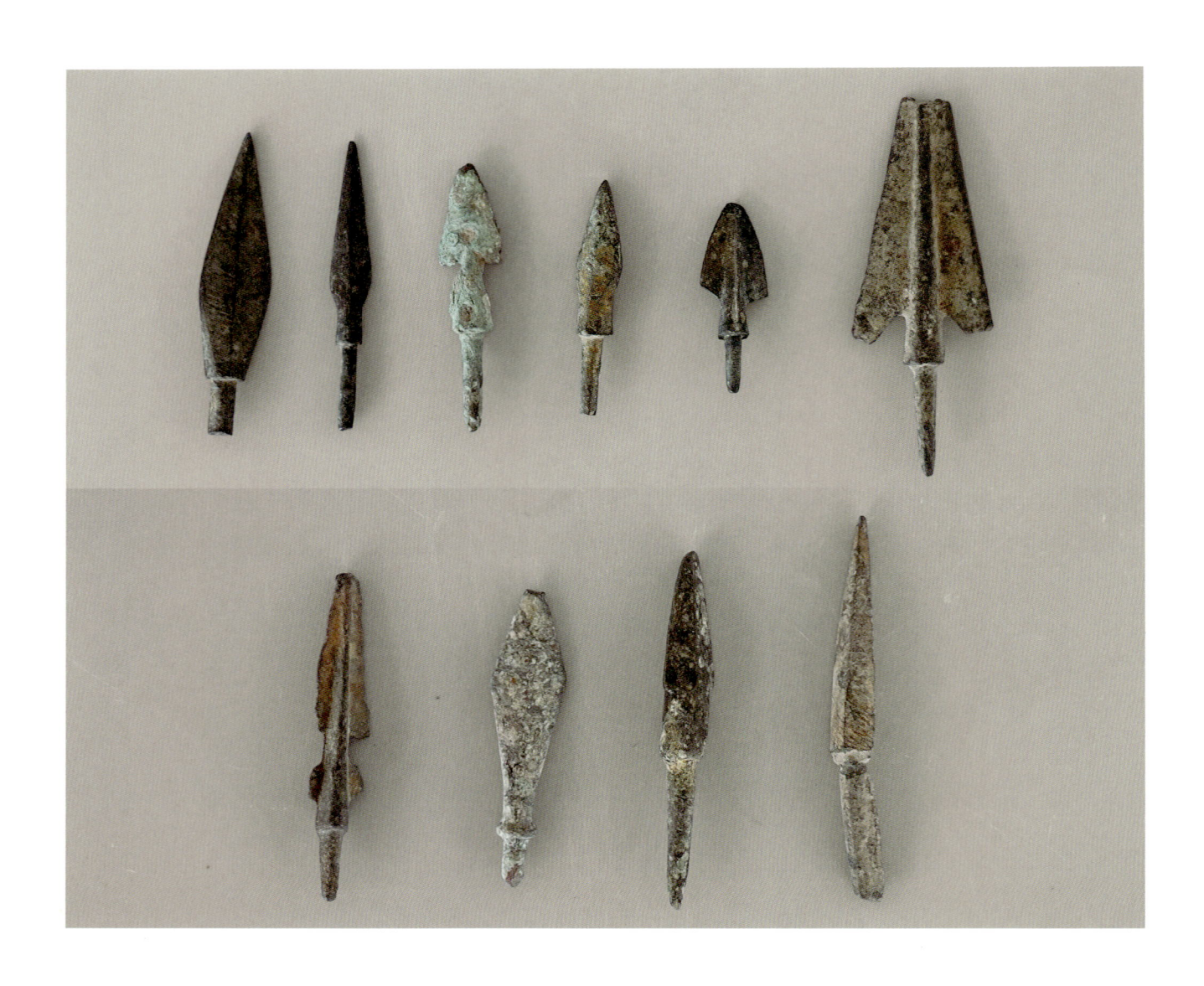

青铜镞

春秋 - 战国
长 3.6—7.5 厘米
吴文化博物馆藏

镞，即"箭头"。有双翼、三棱、圆锥等多种形式。箭镞作为远距离杀伤性武器，在水战时起着至关重要的作用。

吴国的战船有大翼、中翼、小翼、楼船、突冒等，船上一般装备有长钩矛、长斧、弓弩、戈、剑等兵器。作战时，先用弓弩射击，再用长柄兵器进行接舷格斗，最后登上敌船，展开肉搏。有时亦用突冒撞击敌船。

6

骨韘

东周
长 3.6—5.3 厘米
吴文化博物馆藏

韘，也称决，系一种钩弦工具，主要流行于商代晚期到战国晚期，从西汉早中期开始渐渐衰落。韘的材质除了青铜质和骨质外，还有玉、竹木、石等。射箭时一般将韘套于拇指上，不仅可以避免引弦磨损勒伤手指，而且还有利于射者开拉强弓，以达到提高射程，增强射击力度的效果。

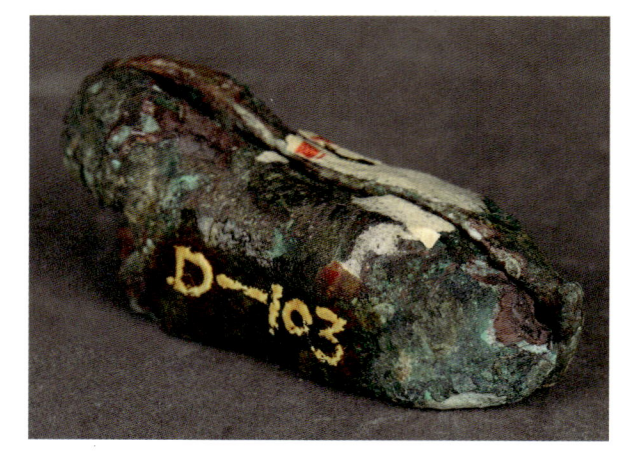

7

青铜虎符

战国
长 5.6 厘米
吴文化博物馆藏

　　一对，铜制，虎形，作蹲踞状。分左右两半，有子母口可以相合。形体规整，造型生动，有虎虎生威之感。
　　虎符是古代军事调遣、命令传达的重要凭证。早在周代时就已用之。最初的符以竹子制作而成，后来用金属制成，形状也由竹节逐渐变为虎形，称为"虎节"，也称"虎符"。虎符为中央发给地方官或驻军首领的调兵凭证。虎符的背面刻有铭文，分为两半，右半存于朝廷，左半发给统兵将帅或地方长官，并且从来都是专符专用，一地一符，绝不可能用一个兵符同时调动两个地方的军队，调兵遣将时需要两半勘合验真，才能生效。

8
青铜斧

东周
长 6—9.4 厘米，宽 3—4.5 厘米
吴文化博物馆藏

　　器作六菱形銎，中空，为六菱体，两侧起棱，两面圆弧刃，是研究春秋吴国社会经济形态的重要实物资料。
　　春秋时期，吴国具有发达的青铜冶铸业，除铸造兵器与礼乐器外，还铸造农工具。青铜斧不仅可以作为生产、生活工具，在短兵相接之时，亦可用于砍杀敌人。

9
印纹硬陶罐

春秋
高 11.5 厘米，直径 16.5 厘米
吴文化博物馆藏

小口微敞，卷缘，短颈，弧肩，腹中腰以上鼓，下斜收，平底，满腹压印曲折纹。

在陶器表面拍印几何形纹饰是江南先民普遍采用的修饰陶器的工艺和共同的审美取向。吴文化和越文化有很多相似之处，尤其是在几何印纹陶和原始瓷方面，可称为"吴越同器"。

10
原始瓷簋

春秋
高 10.2 厘米，口径 22.3 厘米
吴文化博物馆藏

敛口，侈缘，斜肩，弧收腹，矮圈足，平底，肩有二个对称的绳形样竖耳，另两侧肩部有双 S 形样饰纹，环肩一周压印水浪纹。

在商周时期，中原地区极少见到原始瓷器，而在太湖地区和宁镇地区的土墩墓中出土的原始瓷数量极多，且都与几何印纹陶同出，它们成为吴文化和越文化最有代表性的文化因素。

11
黑衣陶双耳弦纹罐

战国
高 15.7 厘米，底径 10.3 厘米
西塘河遗址出土
吴文化博物馆藏

该文物为战国时期细胎黑衣陶器的典型器。敛口溜肩，深腹微鼓，平底，肩部对置两贯耳，耳上各画两道弦纹，口沿部磨光，腹部自上而下遍布细密规则弦纹带。

西塘河遗址1973年被发现，遗址面积广大，出土遗物丰富，可以推测在战国时期此地应是一处十分繁荣的聚落区。

12
乳丁足双耳高颈罐

战国
高 13.2 厘米，直径 8.7 厘米
西塘河遗址出土
吴文化博物馆藏

  黑衣陶，敞口，高颈，圆鼓腹，乳丁足残，肩部对置两耳。
  春秋战国时期在吴越地区发生了激烈的军事冲突，从而造成当地居民的大规模置换。吴被越灭，越因楚亡，政权不断更迭，大邦之梦消散在历史的尘烟里。但正因如此，文化才得以不断交流、渗透、融合，发展出新的江南文明。

13
兽面纹长方形玉片饰

春秋
长4.85厘米，宽2.9厘米
严山玉器窖藏出土
吴文化博物馆藏

  玉色墨绿，白斑沁。扁长方形，正面略隆，中部横向琢出凹槽，把纹饰分为两组。凹槽上下部以浅浮雕和细线阴刻相结合的手法，饰两组相互对称的兽面纹。兽面椭圆目，弯眉，宽鼻，咧嘴，填以细如毫发的丝束纹、网状纹。反面抛光，有蜡质光泽。其正面中部有凹槽，背面无纹饰，应属镶嵌件。整器饰纹对称，图案华丽，辅纹细密，繁而不乱。
  1986年，严山窖藏在石矿开采过程中被发现，出土了大量质地莹润、制作精良、器型多样的玉器，其中既包括璧、环、璜、琮等礼器，也有佩、镯、珑、觿等精美装饰品。根据地理位置及时代环境推断，该窖藏可能是吴王夫差在兵败逃遁中仓惶埋下的吴国宫廷用玉。

14

卷云纹玉璧

春秋
直径 7.5 厘米
严山玉器窖藏出土
吴文化博物馆藏

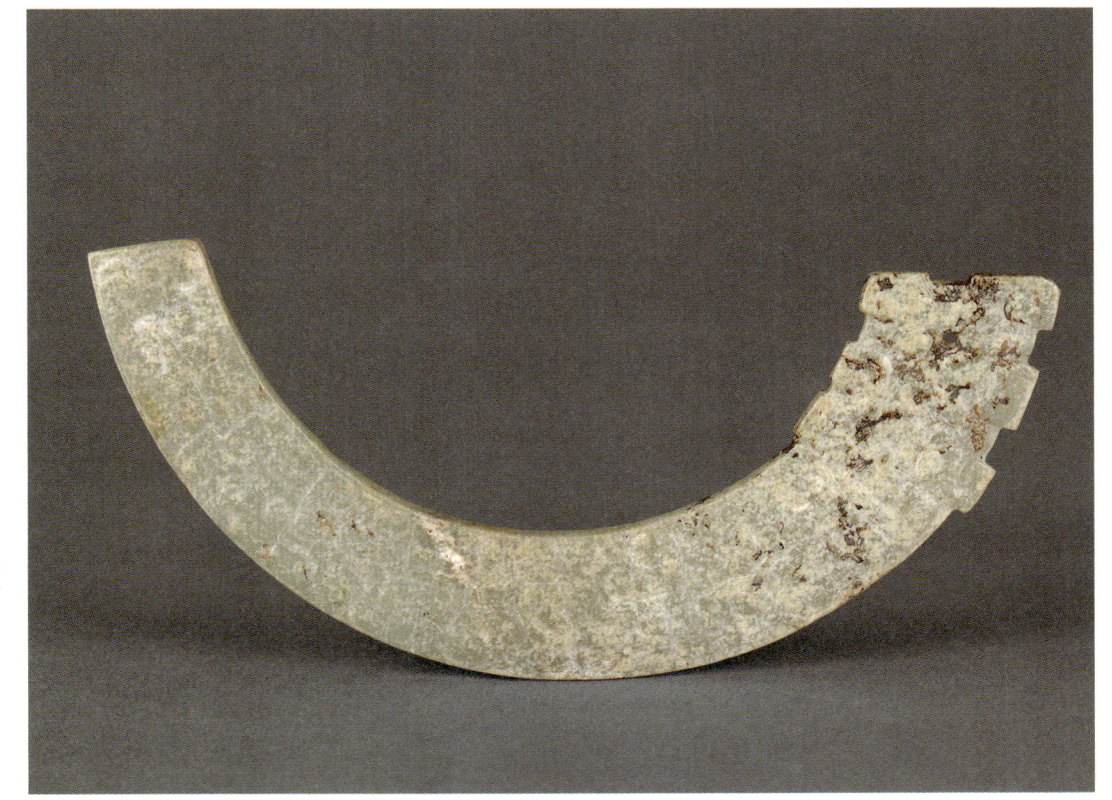

15

蟠虺纹玉珑

春秋
长 8.05 厘米
宽 1.9 厘米
严山玉器窖藏出土
吴文化博物馆藏

16
夔纹玉璜

春秋
长 8.75 厘米
严山玉器窖藏出土
吴文化博物馆藏

17
素面玉觿

春秋
长 10.5 厘米，宽 2.2 厘米
严山玉器窖藏出土
吴文化博物馆藏

18
青铜父丁戈

战国
通长 22.1 厘米，通宽 10 厘米，通厚 0.3 厘米
常熟博物馆藏

青铜质地，器身由援、内、胡三部分组成。援横直平出，上下两刃，前有尖锋，呈叶状。内尾略上翘，呈尖刃状，中心置一三角穿孔，旁侧有"父丁"二字铭文。胡身置三穿孔，用以固定柄和戈头。戈是一种具有击刺、钩啄等多种功能为一体的木柄曲头兵器，盛行于商代至战国时期。戈身上"父丁"指的是商王祖甲之子、第二十七代商王康丁，此物或为战国时期商代的遗民所制作。

19

铜箭头

战国
通长 8 厘米，通宽 1.8 厘米，通厚 1.5 厘米
常熟博物馆藏

  头部磨刃尖，呈三棱状，后连有一插柱，用于安装竹制或木制箭杆，器身遍布锈斑。箭头，又称镞，与箭杆、箭羽组装后成为一枝箭。箭与弓或弩配合使用，是冷兵器时代重要的远程攻击武器。

20

青铜凿

东周
长 14.7 厘米，刃宽 0.7 厘米
吴文化博物馆藏

凿，凿孔或挖槽用工具。《说文解字》称："凿，所以穿木也。"使用时借助锤子一类工具锤击。

春秋战国时期，随着冶铜技术的发展，青铜斧、凿等器物被大量作为生产工具。青铜凿即是当时造船必不可少的工具之一。

（三）凭水而思

"山川之美，古来共谈"。《诗经》中对日月山川、花鸟鱼虫的吟咏展现出古人对山水万物亲近、赞赏的情感关系；"智者乐山，仁者乐水""上善若水，水利万物而不争"，先秦诸子以山水作为意象构建出朴素唯物的自然观。晋室南迁，在玄学思潮影响下，士人寻访江南盛景，舟游雅集，开始将自然山水视作独立的审美对象，畅神其间。魏晋以降，山水审美发展并逐步走向成熟，山水诗、山水画、山水园林作为载体，成为了山水精神的重要表现形式。观山水而哲思，江南士人将宇宙意识、对人生的体察、对自然景物的热爱调和成山水美学，在山水间徜徉，修炼人的精神境界。可行、可望、可游、可居，如是而已。

1

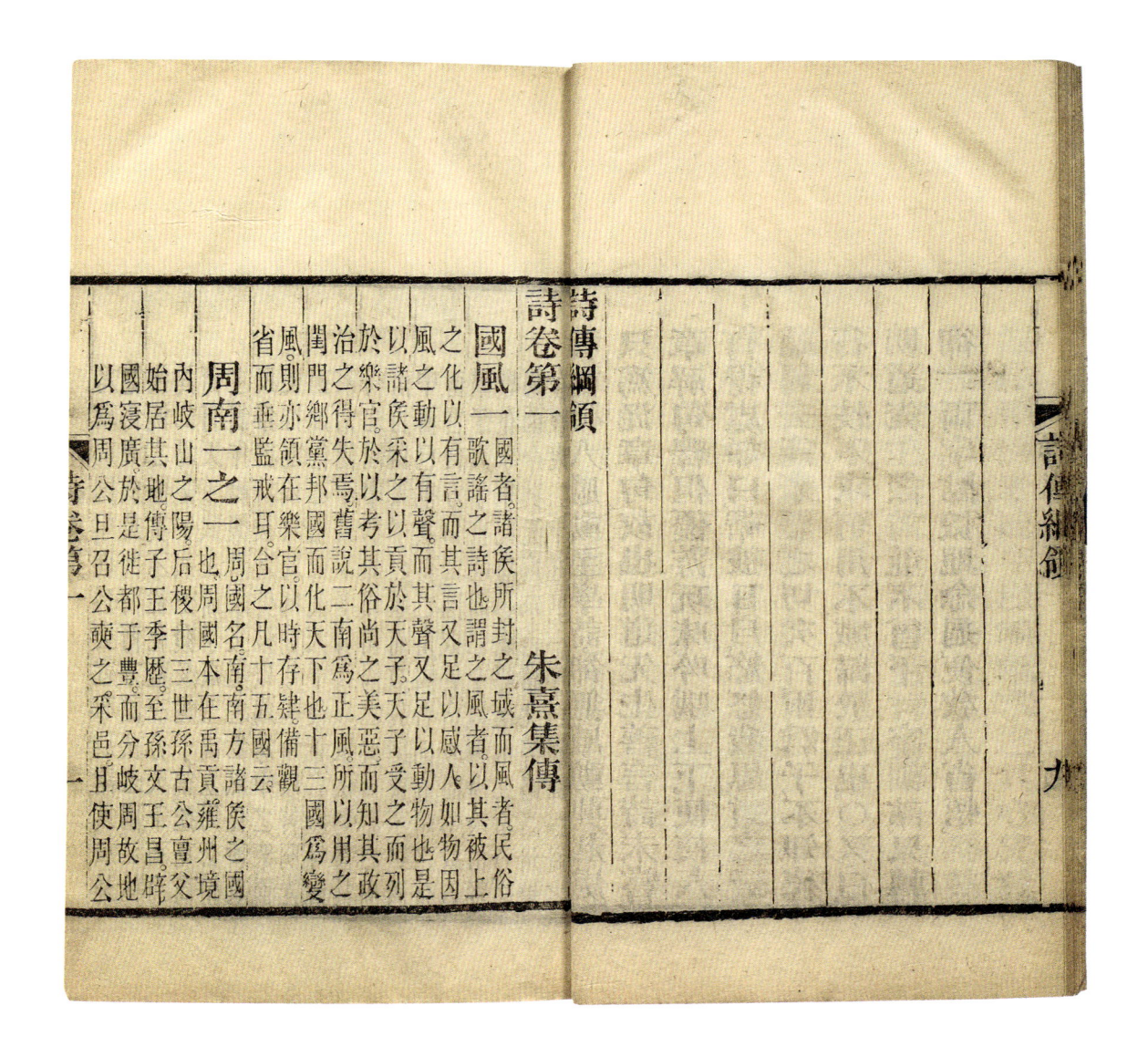

《诗经》二十卷

清光绪七年（1881）江苏书局刻本
吴中区图书馆藏

　　《诗经》，是中国古代诗歌的开端，最早的一部诗歌总集，收集了西周初年至春秋中叶（前11—前6世纪）的诗歌，共311篇，在内容上分为《风》《雅》《颂》三个部分，反映了周初至周晚期约五百年间的社会面貌。
　　先秦时期人们已经开始表现出对山水自然物浓厚的审美兴趣，《诗经》中包含了大量对山水和花草鸟兽虫鱼等自然物的描写，体现了诗人对山水的情感和认识。《大雅》和《颂》中具有浓郁宗教色彩的祭祀山川的诗篇，表现了人们对山水的敬畏之心，而《国风》和《小雅》中"比兴"的手法大量运用，表现了人们开始以自然物为观照，抒情言志、借景喻德。虽然《诗经》对自然景物的描写还停留在较为朴素、原始的阶段，但是已具备对山水的审美意识，对后期山水文学的发展起到积极的推动作用。

2
《庄子》

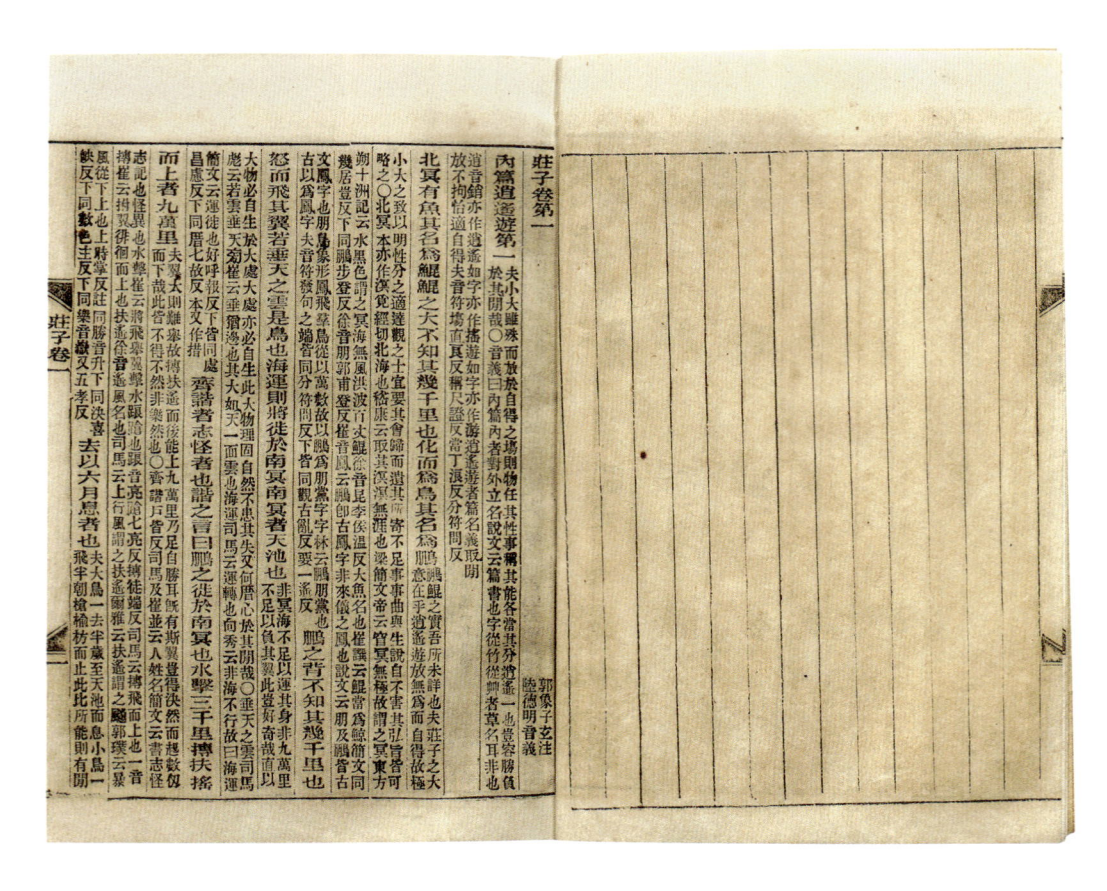

清光绪二十三年（1897）文瑞楼石印本
吴中区图书馆藏

理性精神是先秦诸子各派的共同倾向。除了儒学外，以老、庄为代表的道家学派对山水审美的发展产生了更加深远的影响。道家强调人与外界对象超功利的审美关系，是内在的、精神的、实质的美。如果说儒家面对山水是将"自然人化"，道家则是"人的自然化"。

《道德经》载："人法地，地法天，天法道，道法自然。""道"的本质就是自然，山水即体现出了"自然无为"的特征。庄子继承了老子的观点，认为"天地有大美"，鼓动人们返归自然，通过置身自然山水的体验，以达到对道的体悟，进入自然无为的境界。在老庄哲学的影响下，人们逐步认识到以审美的态度对照山水，才能从中体会到自然之趣。

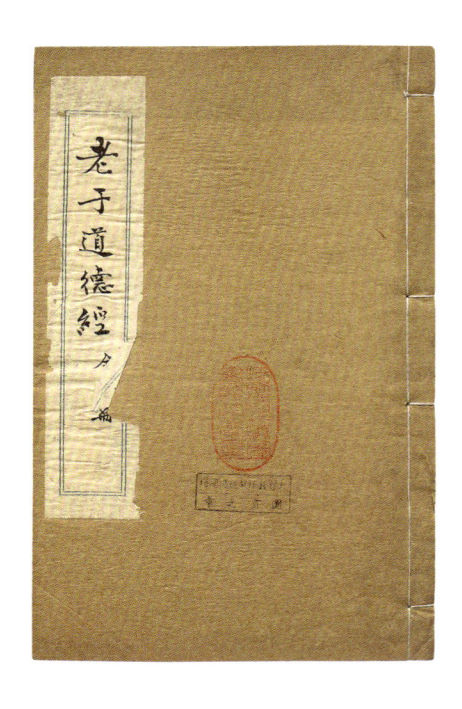

3

《老子道德经二卷音義一卷》

清光绪元年至三年（1875—1877）浙江书局刻本
吴中区图书馆藏

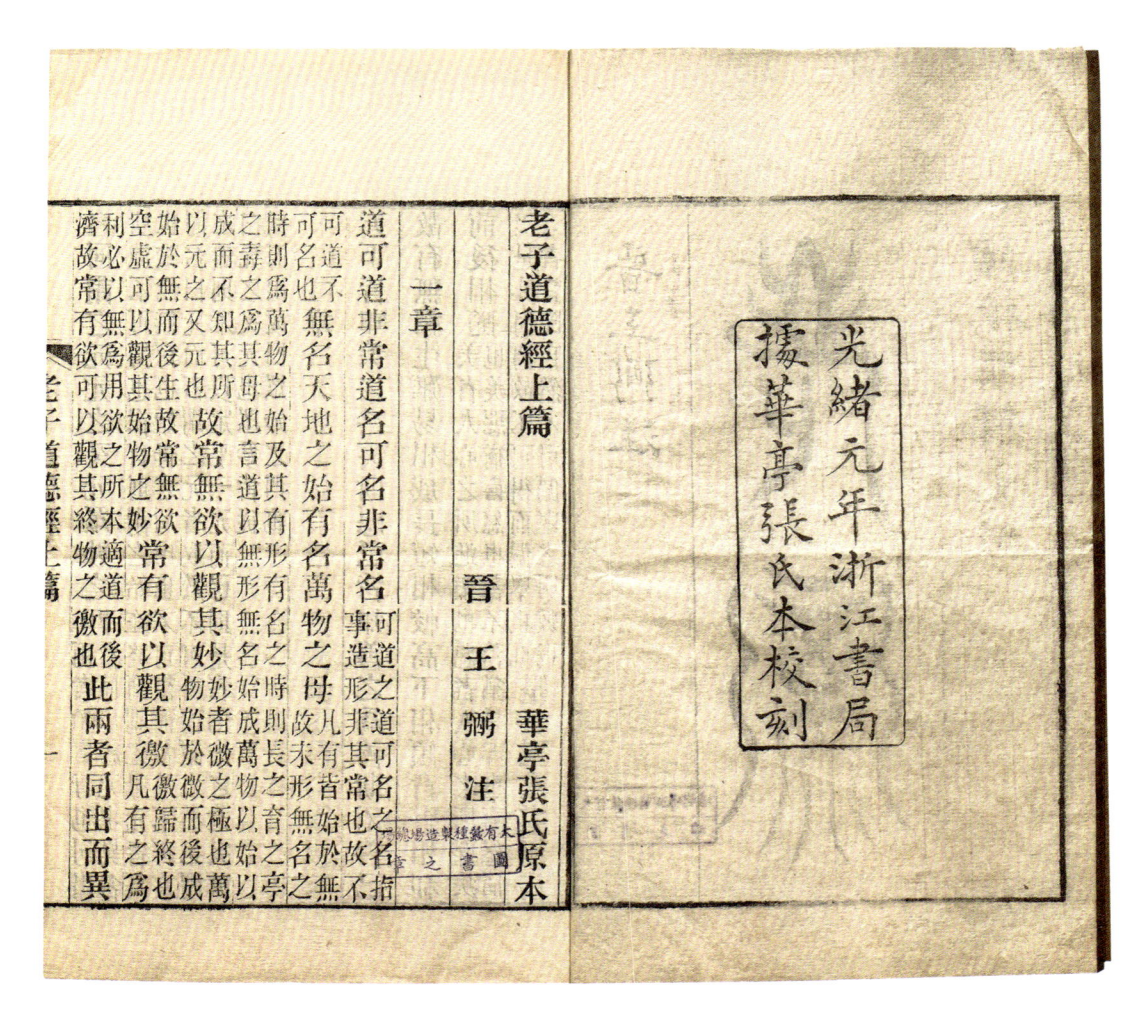

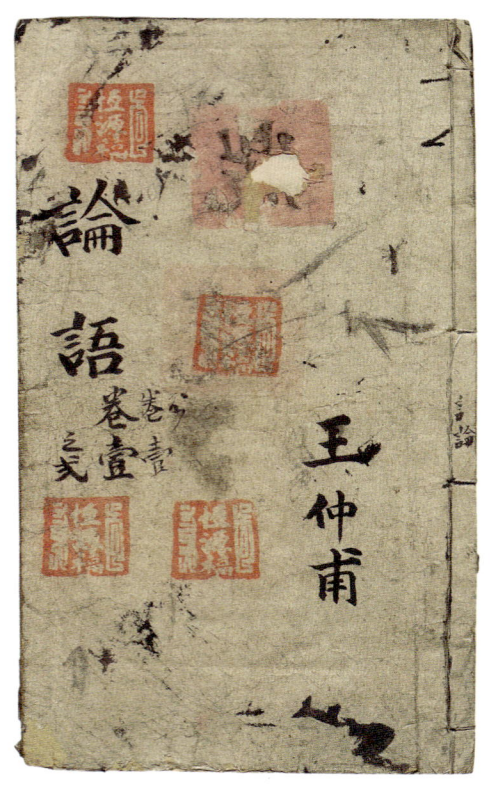

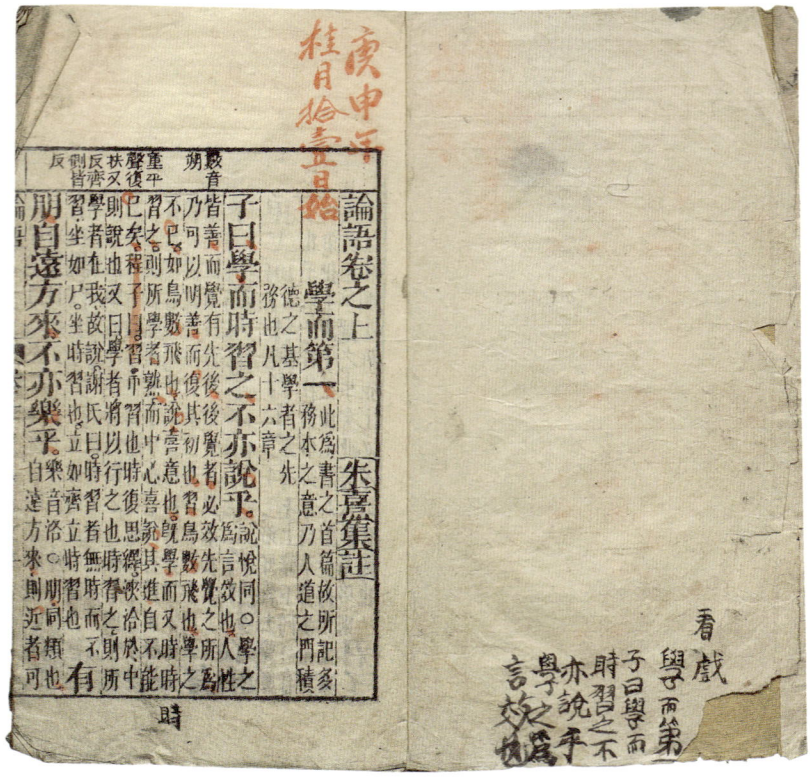

4

《论语》十卷

清刻本
吴中区图书馆藏

  自然之美在于"比德",这是先秦时代一个十分普遍的美学观点。当时的人们对山水美的欣赏,多是将其作为人的品德美或精神美的一种象征。这种思想主要源于儒家学派的代表人物孔子,"智者乐水,仁者乐山",自然物之所以美,在于它的某些属性特征"似有德者",人们对万事万物的情感体会与对道德情感的理性认识交融,从山水中认识君子之德,从而加强自身的品性修养和意志锻炼。

5

青瓷耳杯及承盘

西晋
盘径 22 厘米
张陵山西晋墓出土
吴文化博物馆藏

  耳杯，又名羽觞，出现于春秋战国时期，一直延续使用至魏晋。东晋王羲之《兰亭集序》曾记叙道："此地有崇山峻岭，茂林修竹，又有清流激湍，映带左右，引以为流觞曲水……"六朝名士曲水流觞所用的器具即耳杯。

  从上古时期人们的山水崇拜，到后来孔子"山水比德"、老庄"逍遥无为"，都为山水精神的发展奠定了根基。而真正将山水作为主体审美对象，将亲近自然作为一种精神追求，正是在魏晋六朝时期。南渡的士人移情于江南山水，行于山径之上、流水之边，赏景的同时实现对自我意识、生命意识的体察。哲思推动创绘，山水诗、山水画、山水文乃至山水园林在其后逐步成为山水审美的艺术表现形式，山水精神由此勃兴。

6
青瓷小水盂

六朝
直径 4.3 厘米，高 4.3 厘米
吴文化博物馆藏

  魏晋时期世家大族的墓葬中常有成套的文房用具出土，青瓷砚、青瓷水盂、笔洗等等，以文房用器入土为明器，让人一览魏晋造物之美和当时的文化氛围。

7

青釉辟邪插器

西晋
通长 12 厘米，通宽 15 厘米，通高 16 厘米
常熟博物馆藏

灰白胎，施青釉，釉厚处泛青绿色，玻璃质感强。造型为以雄狮为形象的辟邪，背上竖一短圆管，与腹相通，腹中空，其作用可能是插入蜡烛。辟邪昂首张口，露出两排牙齿，双目圆睁，颔下长须，背部鬃毛分披，四肢伏地，饰有云气纹，身体两侧有飘卷的重线纹，可能是双翼的艺术化呈现。

8
德青窑黑色釉四系盘口壶

东晋
口径 11.5 厘米，底径 10.5 厘米，高 26.8 厘米
常熟博物馆藏

  盘口，短颈，溜肩，鼓腹内收，平底。颈部饰有凸弦纹两道，近肩处亦有弦纹一道，肩部饰有四个桥形系，可穿绳提携。胎质较粗松，表面施以黑釉，局部釉面有剥落，脱釉处分布大开片纹，近底足处及底部不施釉，露出土黄色的瓷胎。
  德清窑，位于浙江省德清县，瓷器烧造历史悠久，上溯商周，历经汉、六朝直至唐宋时期，延续近 2000 年。德清窑主要出产黑瓷，兼烧青瓷，是已知最早烧制黑瓷的窑场之一，在中国陶瓷史上具有重要的意义。

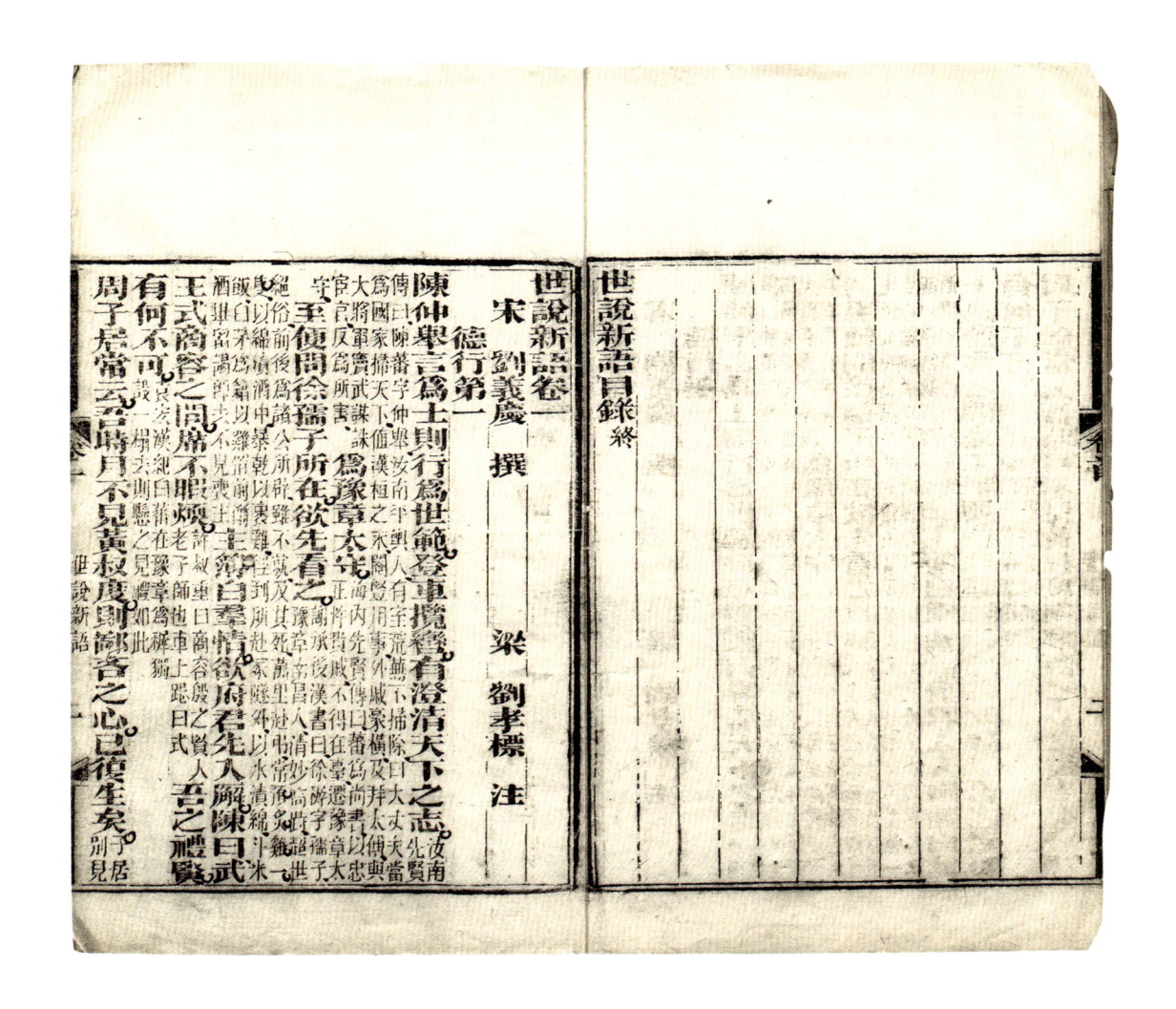

9

《世说新语》六卷

清光绪三年（1877）湖北崇文书局刻本
吴中区图书馆藏

　　《世说新语》是南朝宋文学家刘义庆撰写的文言志人小说集，是魏晋轶事小说的集大成之作，根据内容可分为"德行""言语""政事""文学""方正"等三十六类，每类有若干则故事，主要记载了东汉后期到魏晋间一些名士的言行与轶事。

　　《世说新语》中对自然概念有着大量的刻画描绘，通过它可见魏晋时期文人精神世界中对山水自然之境的审美追逐。例如其中描述顾长康从会稽还，人问山川之美，顾云："千岩竞秀，万壑争流，草木蒙笼其上，若云兴霞蔚"；载王子敬从山阴道上行，"山川自相映发，使人应接不暇"。《世说新语》所展现的名士生活中，山水作为独立审美对象而得以呈现无限生命意蕴。魏晋士人欣赏山水、融入山水，继而感悟山水，暗合着人与自然和谐统一的生态美学精神。

10

晋 王羲之《兰亭序》拓本册（渤海藏真本）

明
纵 32.9 厘米，横 18.5 厘米
浙江省博物馆藏

《兰亭序》，王羲之书法代表作品，传真迹已于唐时殉葬昭陵。历代临摹不绝，故传世刻本种类繁多。此册系渤海藏真本。《渤海藏真帖》，八卷，明崇祯三年渤海陈息园刻。沈曾植旧藏，剪裱装，十一开，有沈氏朱笔批校并题签。

题跋："领字从山本东书堂帖亦尝刻之在癸丑丘处次字不字其病皆与诸本同惟周府模手粗笔势向背皆不能尽具故暇□转得少匿若其其出之本则与诸本同无疑也。"

鉴藏印：朱文印，"沈"白文印："一莽所得古刻""固恒鉴赏"。

魏晋时代，三月上巳，水滨雅集，已经成为文人生活的一项重要内容。曲水流觞，吟诗作赋，《兰亭序》即是在这样的背景下创作而成。"是日也，天朗气清，惠风和畅。仰观宇宙之大，俯察品类之盛，所以游目骋怀，足以极视听之娱，信可乐也。"雅集之时，王羲之于崇山峻岭之中、曲水清流之边，感叹自然山水的清丽，继而联想到岁月易逝，人生短暂，思索生命的意义。

晋人欣赏山水，由实入虚，即实即虚，超入玄境。当具体的山水和"玄"结合，山水之美就得以提炼出来。

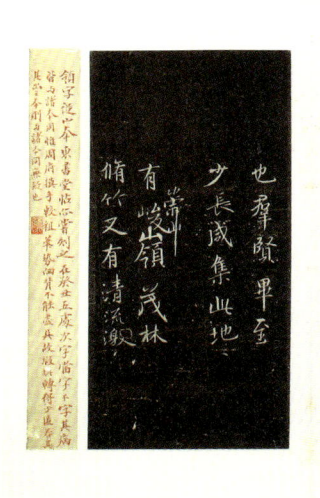

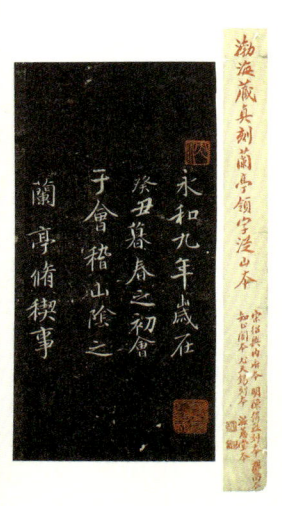

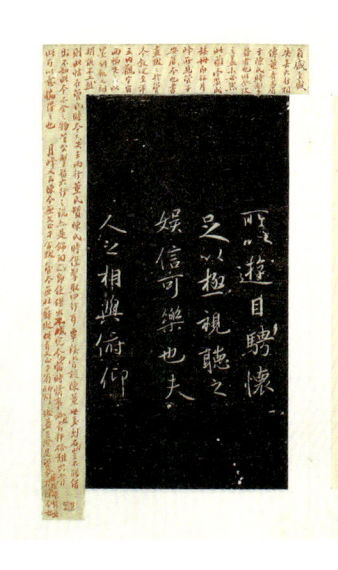

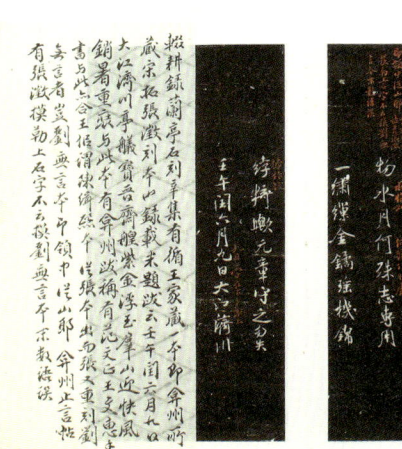

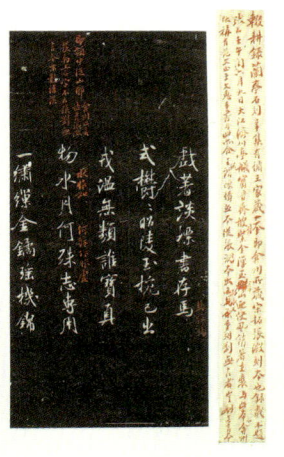

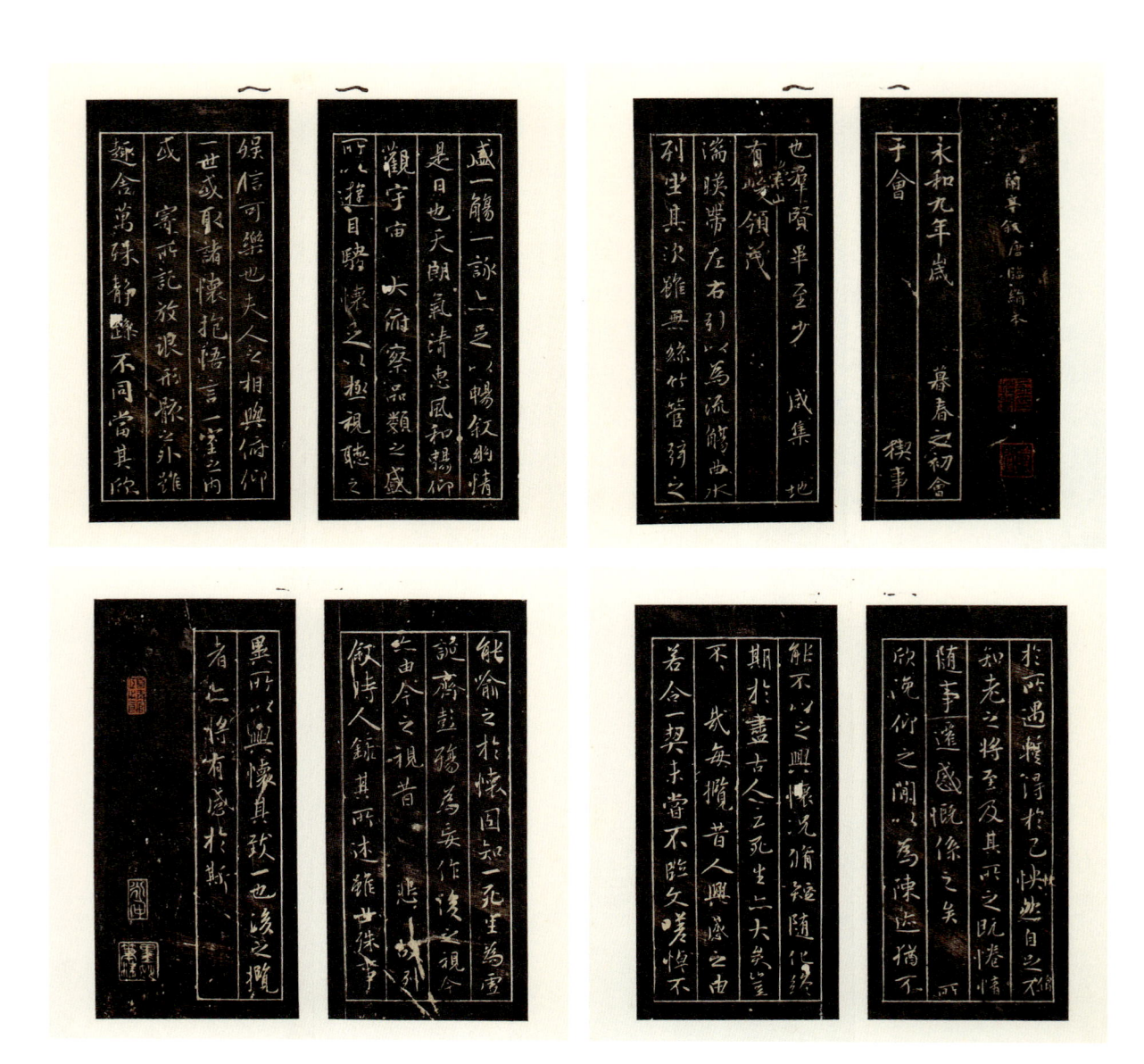

11

王羲之《兰亭序》清拓本册（颖井本）

清
纵 35.3 厘米，横 17.2 厘米
常熟博物馆藏

　　王羲之《兰亭序》被誉为天下第一行书，真迹相传已殉葬于唐太宗昭陵。历代对《兰亭序》临摹不绝，故传世摹本、刻本种类繁多。颖井兰亭为石刻，相传在安徽颖上县城淘挖南关井时所得，故名。其出土年代应不晚于明正统九年（1444）。帖石的另一面刻王羲之楷书《黄庭经》，首有"思古斋石刻"五个篆字，因此又名"思古斋黄庭"。

　　此册为清代拓本，系颖井本《兰亭》与《黄庭经》两种墨拓经剪裱后合装成册，其中《兰亭》共二十八行，刻有"兰亭叙唐临绢本""永仲""墨妙笔精"等印。为清代常熟收藏家宗源瀚旧藏，册后有钱伯坰、孙荪意等的题跋。

12
陈焕　兰亭修禊图扇页

清
金笺，设色
纵 24.5 厘米，横 53.5 厘米
常熟博物馆藏

题款：兰亭修禊图。丙子先立秋三日写，奉美如仁大兄大人雅正。陈焕旹年六十有九。

钤印：白文方印"陈焕"。

陈焕（1806—？），字小岩，江苏吴江（今苏州市吴江区）人。工山水、人物，笔法工细。该扇页作于丙子年（光绪二年，1876），作者时年六十九岁。修禊的习俗来源于周朝上巳节，即春季三月初三日，故名"春禊"。此扇页构图繁复，人物众多，描绘了东晋时的一场著名的"春禊"盛会，王羲之、谢安、孙绰、王凝之、王徽之、王献之等 42 人于会稽山阴之兰亭雅集，曲水流觞，饮酒赋诗，各抒怀抱，抄录成集，并公推此次聚会的召集人王羲之作序，由此成就了书法史上的经典《兰亭集序》。

永和九年歲在癸丑暮春之初會于會稽山陰之蘭亭脩禊事也羣賢畢至少長咸集此地有崇山峻領茂林脩竹又有清流激湍暎左右引以為流觴曲水列坐其次雖無絲竹管弦之盛一觴一詠亦足以暢敘幽情是日也天朗氣清惠風和暢仰觀宇宙之大俯察品類之盛所以遊目騁足以極視聽之娛信可樂也夫人之相與俯仰一世或取諸懷抱悟言一室之內或因寄所託放浪形骸之外雖趣舍萬殊靜躁不同當其欣於所遇暫得己快然自足不知老之將至及其所之既惓情隨事遷感慨係之矣向之所欣俛仰之間以為陳迹猶不能不以之興懷况脩短隨化終期於盡古人云死生亦大矣豈不痛哉每攬昔人興感之由若合一契未嘗不臨文嗟悼不能喻之於懷固知一死生為虛誕齊彭殤為妄作後之視今亦由今之視昔悲夫故列敘時人錄其所述雖世殊事異所以興懷其致一也後之攬者亦將有感於斯文

書必蘭亭而後為至猶刻于之御風庖丁之解牛也余涉事於宝武石刻巳三十餘載而僅至此斯世而求一人與之深論此事畢生不得一人斯道殆將廢乎余不免為杞人之憂矣戊子秋齋坐蘭陵齋中適研有餘瀋放膽繼筆疾書一過默運王法大舒己意恢、乎若無間然脫二字多誤乎蓋心專乎筆於字多誤古軍之所以善訛也余無古軍之能而有古軍之誤可為大噱 歲在戊子中秋虞山八十二老叟簡緣馮武

湌濱上巳有逺三楊春暇如東京夢華間闆清明上河之盛適逢畫會見簡緣老人法書撰拓亭不自勝囙饋褧習之囙鄸在節藉散摩巳酉三月元忘記于蠖文扁齋

13
冯武　行书临兰亭序轴

清
纸本
纵140厘米、横61厘米
常熟博物馆藏

释文：

永和九年，岁在癸丑，暮春之初，会于会稽山阴之兰亭，修禊事也。群贤毕至，少长咸集。此地有崇山峻岭，茂林修竹；又有清流激湍，映左右，引以为流觞曲水，列坐其次。虽无丝竹管弦之盛，一觞一咏，亦足以畅叙幽情。是日也，天朗气清，惠风和畅，仰观宇宙之大，俯察品类之盛，所以游目骋，足以极视听之娱，信可乐也。

夫人之相与，俯仰一世，或取诸怀抱，悟言一室之内；或因寄所托，放浪形骸之外。虽趣舍万殊，静躁不同，当其欣于所遇，暂得于己，快然自足，不知老之将至。及其所之既倦，情随事迁，感慨系之矣。向之所欣，感慨俯仰之间，以为陈迹，犹不能不以之兴怀。况修短随化，终期于尽。古人云："死生亦大矣。"岂不痛哉！

每览昔人兴感之由，若合一契，未尝不临文嗟悼，不能喻之于怀。固知一死生为虚诞，齐彭殇为妄作。后之视今，亦犹今之视昔。悲夫！故列叙时人，录其所述，虽世殊事异，所以兴怀，其致一也。后之览者，亦将有感于斯文。

书必《兰亭》而后为至，犹列子之御风、庖丁之解牛也。余从事于定武石刻已三十余载，而仅至此。斯世而求一人焉，与之深论此事，毕生不得一人，斯道殆将废乎？余不免为杞人之忧矣。戊子秋，寂坐兰陵斋中，适研有余沈，放胆纵笔，疾书一通，默运王法，大纾己意，恢恢若无间然。脱二字、多二字，盖心专乎笔，于字多误，右军之所以善訛也。余无右军之能而有右军之误，可为大噱。岁在戊子中秋，虞山八十二老傻简缘冯武。

钤印：朱文椭圆印"仆本恨人"、白文方印"海虞冯武"、朱文方印"简缘"。

冯武（1627—？），字窦伯，号简缘，江苏常熟人。工诗善书，富藏书，喜校缮，毛氏汲古阁刊书多经其校定。幼承家学，从父冯舒、冯班均为明清之际极负盛名的文学家，并称为"二冯先生"。冯武专注于临摹定武兰亭三十余年，该轴为其82岁时所作，笔力沉稳遒劲，兼具飞逸之感，为作者晚年得意之作。立轴裱边上有1939年春杨无恙题跋："沪滨上巳，有忆三桥春游，如东京梦华，颇触清明上河之感。适从画会见简缘老人法书《禊帖》，喜不自胜，因倾囊买之，用酬佳节，藉散尘忧。己卯三月，无恙记于爱文寓斋。"

豪雄横之世史残秋存季变莽之壮而为战国著策善龙蛇带龙战苦简而义胜也谈义顷武功猿年陛贾矜告维楚选梁襄秋

释雕龙史传篇
康叟

14

沈曾植节录《文心雕龙·史传篇》文轴

近代
纸本
纵 145.5 厘米，横 80 厘米
浙江省博物馆藏

沈曾植（1850—1922），字子培，号乙庵，又号寐叟，浙江嘉兴人，清末民初学者、诗人、书法家。

行书。款：录雕龙史传篇，寐叟。钤：朱文方印"知一念即无量劫""乙庵""海日楼"。

《文心雕龙》是南朝文学理论家刘勰创作的文学理论著作。它既总结了先秦以来文学创作的经验，又在文学的各个方面提出了自己精辟的见解，形成了完整的理论体系。

晋宋之际，以谢灵运为代表创作的山水诗代替了东晋的玄言诗，将自然界的美景引入诗中，使山水成为独立的审美对象。"庄老告退，而山水方滋"，《文心雕龙》即是在这样的背景下创作而生的。刘勰借《文心雕龙》向我们展现了他的自然观，他肯定了山水文学的内容题材和刻画细密的表现技巧，但对刘宋以后山水文学作品中描摹山水过于追求奇丽以致文风繁冗的情况提出了批评。在刘勰看来，自然种种美好的景色皆为"道"之显现，山水景物是文学创作的诱因和取材对象。同时，在描写景物时，应"写气图貌"，"情以物迁，辞以情发"，通过表现自然美实现文学与自然、人与自然的统一。

《文心雕龙》的文学批评体系阐释出文学自然观的意义，它从理论上解决了人的审美价值问题。

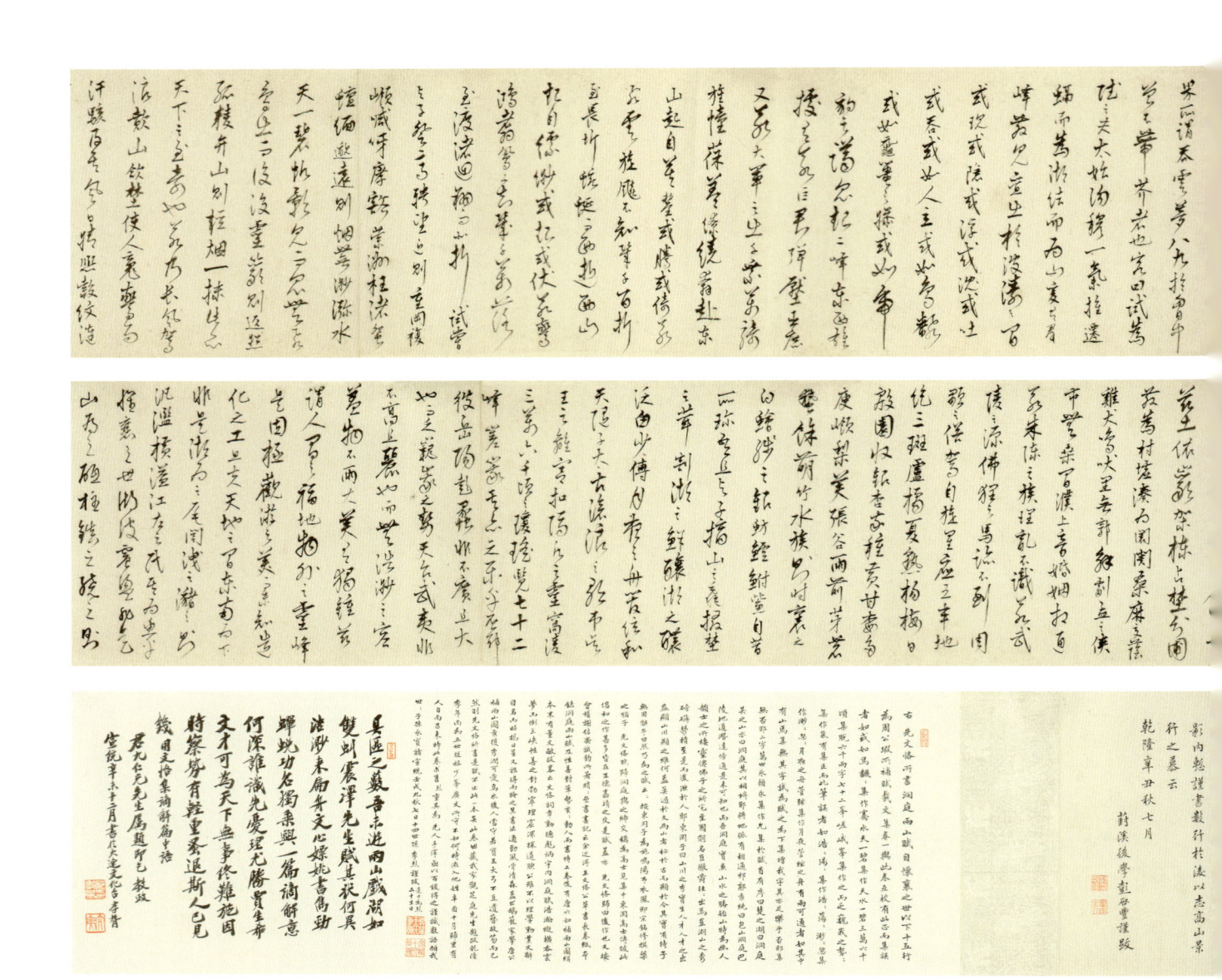

15

王鏊　行书洞庭两山赋卷

明代

纸本

纵 35.1 厘米，横 545.7 厘米

故宫博物院藏

王鏊（1450—1524），字济之，号守溪，世称震泽先生。苏州府吴县洞庭东山人，明中期著名的政治家、文学家。其人博学有识鉴，文章议论畅明，为人、德望均为时人敬服，门下学生众多，唐寅也是其中之一。著有《姑苏志》《震泽集》等。

此卷录王鏊所作《洞庭两山赋》一文，全文近两千字，描写了太湖之中的洞庭山浩瀚纵横的壮丽景观，用词精当，极富韵味，是王鏊所有文学作品中极为重要的一件。在王鏊创作的众多纪游题材的诗文中，有诸多赞美吴中山水的内容，可以看出其对故乡山水的热爱，对亲近自然以抒怀的热衷，同时体现了王鏊对其所属的吴中地域文化的自觉认同。

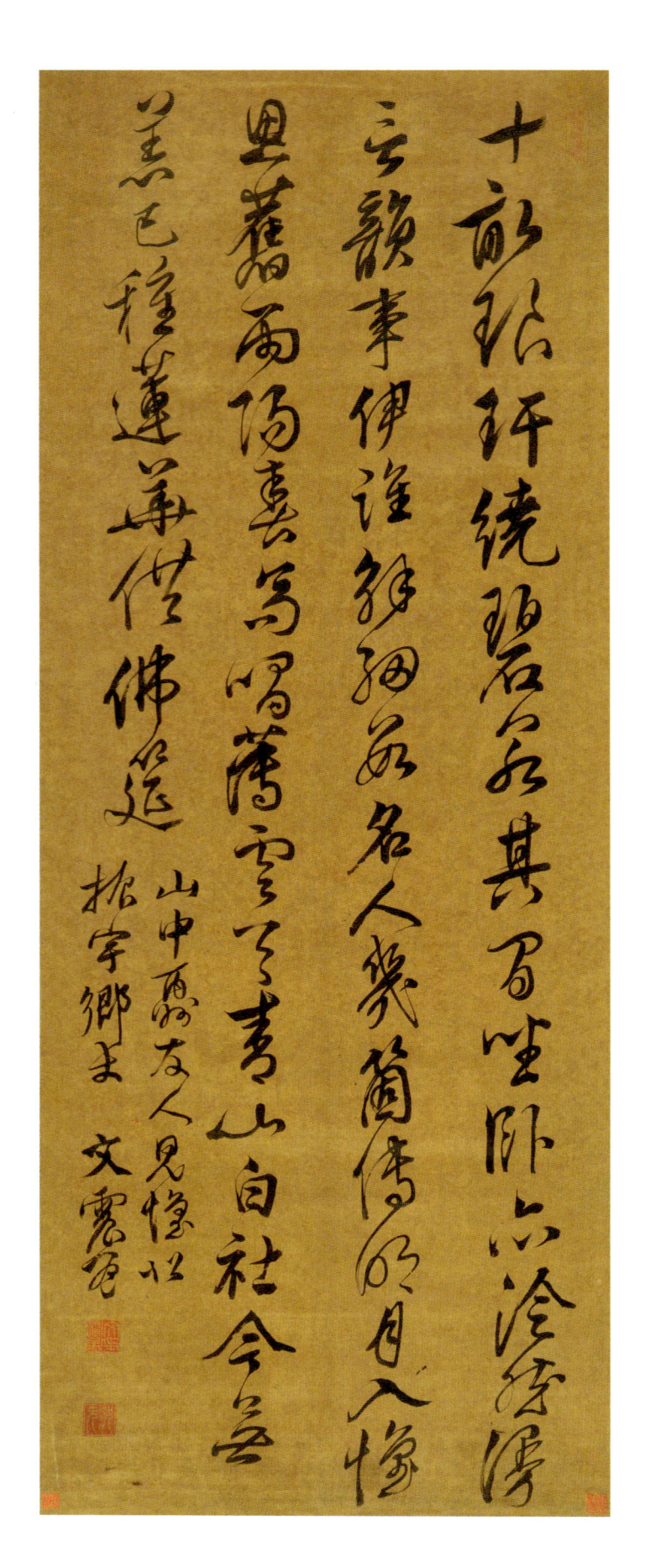

16
文震孟
行书山中酬友人见怀诗轴

明
纸本
纵155.9厘米，横59.2厘米
浙江省博物馆藏

文震孟（1574—1636），字文起，号湘南，别号湛持（一作湛村），南直隶长洲（今江苏苏州）人，文徵明曾孙，明代官员、书法家。

释文：十亩琅轩绕碧泉，其间坐卧亦泠然。漫言韵事伊谁解，细数名人几个传。明月入怀思旧雨，阳春写唱薄云天。青山白社今无恙，已种莲华供佛筵。

有明一代，江南经济渐兴，以吴门为代表的江南文士将江南山水文化推向了新的高峰。文士们形塑出雅集唱和、胜景游览的生活风格，时常结伴游于山阴道上，行于山径之巅，将所见所感的自然景象转化成一幅幅绝妙的山水诗、山水画作。

17
文嘉　行书七绝三首轴

明代
纸本
纵 121.3 厘米，横 25.3 厘米
故宫博物院藏

　　文嘉（1501—1583），字休承，号文水，南直隶苏州府长洲（今江苏苏州）人，文徵明次子。文嘉是吴门派代表性画家，能诗，工书，小楷清劲，亦善行书。画得徵明一体，善画山水，笔法清脆。

　　释文：太湖石畔种芭蕉，色映轩窗碧雾摇。瘦骨主人清似水，煮茶香透竹间桥。山斋雨坐漫焚香，几净窗明竹树凉。午睡起来无一事，自翻残墨写潇湘。不到天平三十载，每于图画忆登临。何时倚杖苍松侧，来看峰头万笏林。己卯秋日茂苑文嘉。

　　钤"休承""文水道人"印。收藏印钤"颐椿庐通理藏"。
　　《七绝诗》为文嘉自撰七绝诗三首。书法清丽秀气，简净劲爽。诗中描写了作者居于园中，观画而追忆登临天平山的情景。

18

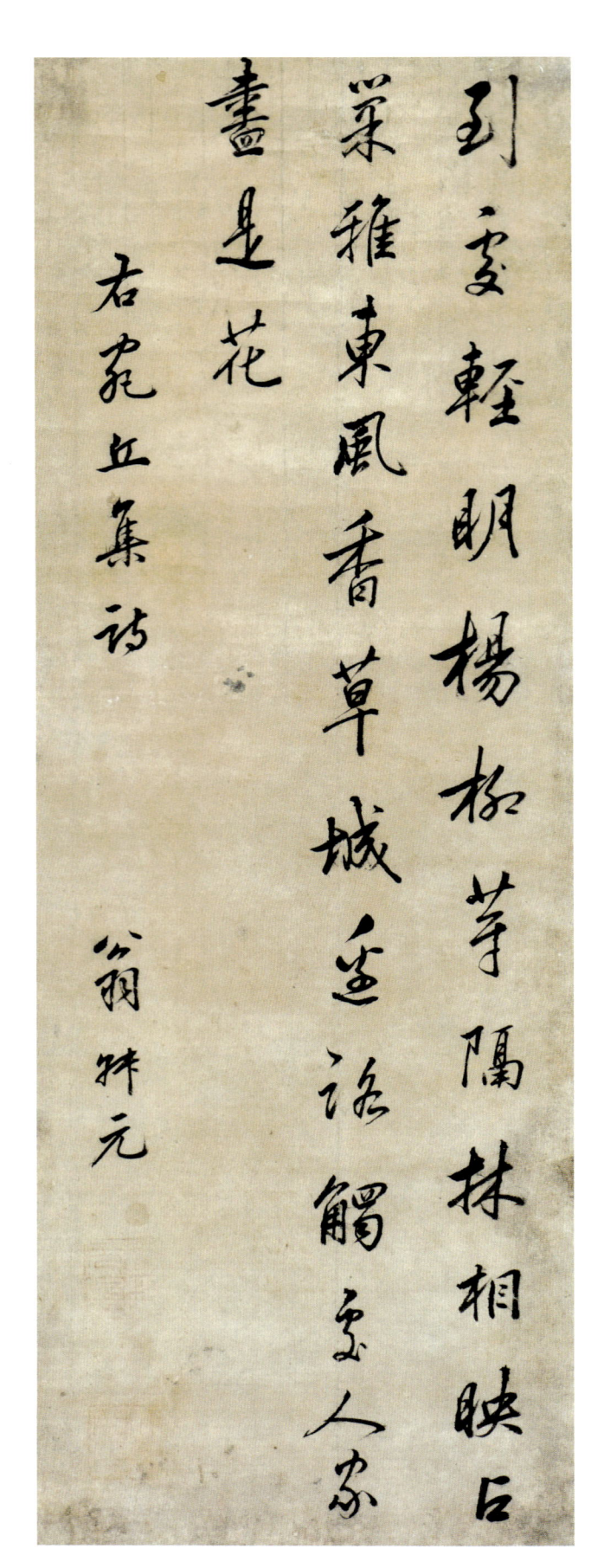

翁叔元　行书张耒诗轴

清代
纸本
纵 110.5 厘米，横 38.8 厘米
常熟博物馆藏

释文：到处轻明杨柳芽，隔林相映占巢雅。东风香草城边路，触处人家尽是花。右《宛丘集》诗。翁叔元。

钤印：朱文方印"翁叔元印""大司空印"。

翁叔元（1633—1701），初名梅，字宝林，号铁庵，江苏常熟人。先后从学于孙永祚、陈瑚，康熙十五年（1676）探花，授编修，官至工部、刑部尚书，曾主山东乡试，取赵执信等。工文辞，擅楷法。著有《铁庵文稿》《梵园诗集》等。

此轴为行书北宋诗人张耒（号宛丘先生）绝句一首，诗句描写了早春时节春风拂面，草长莺飞，到处一派清丽景象。

19

董诰　西湖十景画册

清
设色

　　董诰（1740—1818），字雅伦，号蔗林，浙江杭州府人，清代大臣、书画家。董诰擅画山水，传承家学，亦宗"元四家"及"四王"笔法。董诰的山水，应是先学于其父董邦达，然后博取古人。

　　此套图册共10开，分别绘西湖十景，其中"断桥残雪"一开有落款："臣董诰敬书恭画"，并钤有"臣""诰"印。"苏堤春晓"一开中，诗前有"御制西湖十景诗"字样。因此，此册应系董诰奉敕而作，或主动向乾隆帝进献。

　　董诰之父董邦达或许是绘制西湖图最多的一位画家，其一生所绘西湖图不下百幅，其中"西湖十景"题材占据了最大的比例。董氏父子绘西湖十景，系因康、乾二帝对西湖景致的钟爱。乾隆首次巡幸江南，就随身带有董邦达所绘《西湖十景》，每到一个景点就拿出画作来相印证。

　　"西湖十景"作为江南城市园林发展的一个缩影，其景致受到宋以来历代画家的钟爱。文人园林画重在表现景观意境，大多对景观的实际位置、最佳观景地点、游览顺序等表现得较为模糊。而"西湖十景"这种标注了景观名称的实景画作将文人对景观的想象、精神情感体验和实地景观巧妙融合，以写实的手法将人们对山水的追求表现出来。从宋代"以画题景"，到清代"画景互证"，西湖的绮丽风光激发着人们对江南山水的审美情思。

雙峰插雲
南北高峰對峙青蒼
光相接入冥冥何時
憑眺兀巔上一覽江
湖在戶庭

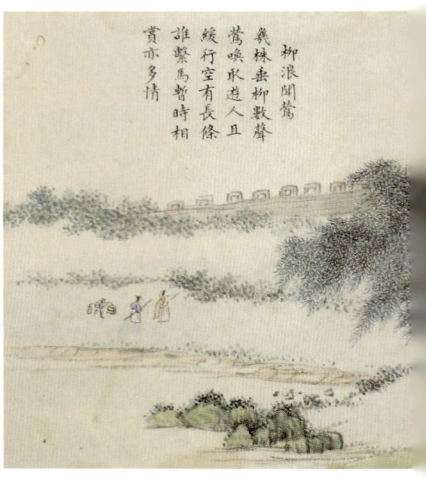

柳浪聞鶯
義株垂柳數聲
鶯喚水邊人且
緩行室有長條
誰繫馬瞥時相
賞亦多情

平湖秋月
對月美論
春與秋
湖光清浸
露華浮
西泠橋畔
多芳草
尚照當年
傷畫樓

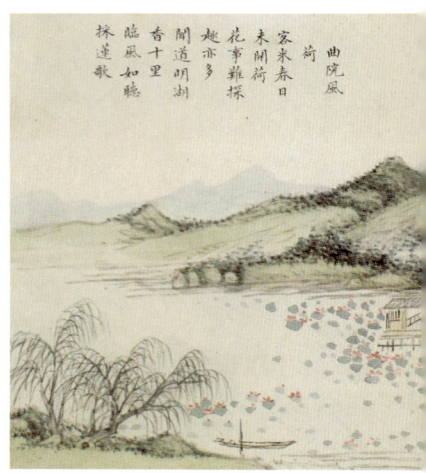

曲院風荷
家來春日
末聞荷
花事難採
越亦多
聞道明湖
香十里
臨風如聽
採蓮歌

南屏晚鐘
湖上清波
江上峯
晚風淡淡
月溶溶
諸天寂處
飄花雨
何處鯨音
送遠鐘

114　　山水舟行远——江南的景观

第一单元 溯源山水精神

20

秦仪　溪亭读书图扇页

清代
纸本，设色
纵 22.9 厘米，横 50.3 厘米
常熟博物馆藏

释文：竹树青苍映水斜，绕村十里远山遮。幽人尽日闲无事，吟罢溪亭看落霞。丁酉五月下浣，于吴门客舍仿元人《溪亭读书图》，应维兄学长先生属。梁溪秦仪。

钤印：半白半朱连珠印"秦仪"。

秦仪（？—1795），字凤冈，号梧园，江苏无锡人，侨居苏州。因长有美须髯，人呼为秦髯。山水宗王翚，尤长水村小景，作点叶细柳，别有意趣，时称"秦杨柳"。凡画无不题句，竟有先题后画者。诗不事雕饰，有天然神韵。

此扇面绘溪水茂林，远山连绵，一片空濛，溪边水榭中一文士对景读书，尽显江南山水的恬静优美。

敦稙為
伯起書

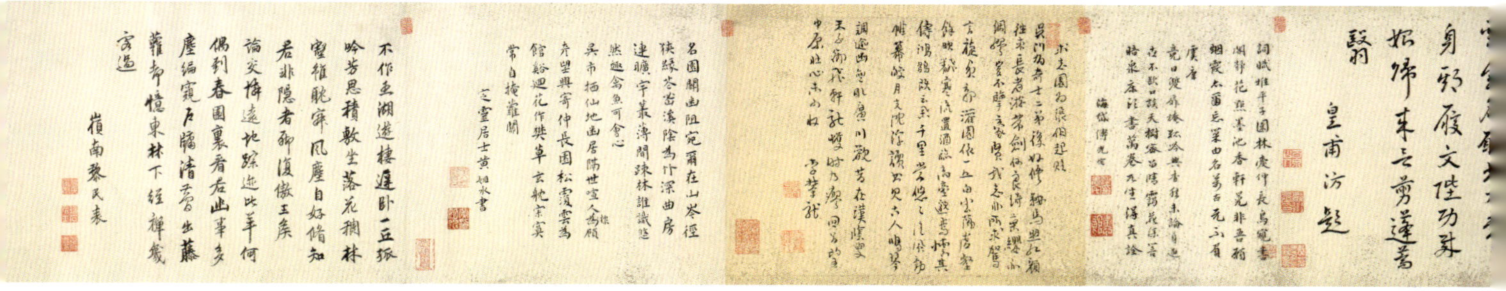

芝圓

求志園為張伯起題
吳門為寄十二傳林處作烏寬藝
松林長者澆茗劍良客詠憇其
間諄雲不榮盞池多春花非吾稻
烟霞又蜀泛筆四名馬云元云丘
烟霞又不敢存後天翱春花暮庭坦長
皇甫汸題
始歸未之剪蓬萬
身对殷文陛功勲

調逕雨条所屬川觀芳在漢煙寒
主白郎戊戟戟烟始乃寥回身相
中原此心未消如
張豐祝

名圓關由阻宛肩在山茶径
浹綠苍菊谿陰為竹深曲房
連瞳宇萑薄開珠林誰識遘
然迤逦魚可食心
吳市扁山地闻長國松霞雲為
齊興寄仲長国
館飲延花作奠草玄院客賓
常自拢桑開
芝堂居士黃水書

不作孟湖逆掉進卧豆暌
吟思精默坐落花擱林
窮睢晚寮风塵自好偕
君非隠者卻復僅王矦
論交恃遥地跡近此幸何
偶到春園裏看右此軍多
塵編寬戶瞩渚萬出蕪
蕹率憶東林下逕禅戋
寘過
貞南蔡民表

文魚

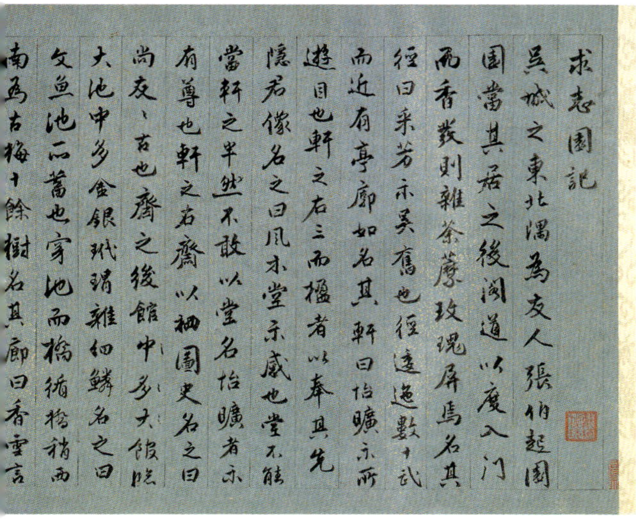

求志圖記
吳城之東北濡爲友人張伯起園
園當其居之後闢道以度入门
而香數則雜茶蕅玟塊屏焉名其
径曰采芳也径逾數十武
而近有亭廊如其軒曰怡曠示所
遊目也軒之右三而檐者以奉其先
隱君像名之曰風木堂承歲也堂不能
當軒之半然不敢以堂名怡曠者有
肩薄也軒之右齋以栖圖史名之曰
尚友、古也齋之後館中多夭倪隐
大池中多金銀玳瑁雜如鏁稍西
文魚池也萬也穿池而橋循橋而
南爲古梅十餘樹名其廊曰香雲言

21
陈仲谦　山水图扇页

近代
洒金笺，设色
纵 23.5 厘米，横 51.5 厘米
常熟博物馆藏

题款：乙亥初秋，仿清晖老人笔，为俊能仁兄属。仲谦。

钤印：白文方印"师古""宝仁"。

陈仲谦，江苏常熟人。能画山水，更精于临摹古人画迹。自款绝少，石谷赝迹多出其手。

此图绘初秋林木茂密的嶙峋山石，山中两人坐而对谈、一人登高赏景，显现出江南文士山中行旅时的惬意。近景山脚处渔人泛舟而过，映衬出远处空寂浩渺的水面，构图虚实得当，富有层次。

22
释宗仰　山水图扇页

近代
金笺，设色
纵 25 厘米，横 53.8 厘米
常熟博物馆藏

题款：清江碧草思悠悠，万顷烟波渺渺秋。何日身闲从钓隐，插香深处晚横舟。癸巳小暑节，应柳池世兄大人雅正。方外弟狮噉。

钤印：朱文方印"师颎"。

释宗仰（1865-1921），俗名黄浩舜，字中央，号楞伽小隐、乌目山僧、印楞禅师，江苏常熟人。爱国诗人，曾参加同盟会和南社。善画。

此图为一水两岸式构图，近岸绿柳轻垂，文士泛舟溪上，远处山岩高耸，掩映着一轮红日，景致灵动而富有朝气。

山水舟行远——江南的景观

23
钱榖　求志园图卷

明代
纸本，设色
纵 29.8 厘米，横 190.2 厘米
故宫博物院藏

　　此卷是钱榖应友人张凤翼之请，描绘其家园春夏之间的景色，卷首有文徵明题"文鱼馆"三字，卷后有王世贞行书《求志园记》。画家从右侧园门画起，以怡旷轩、风木堂、尚友斋为中心，前有庭，后有园，渐次展开。王世贞所撰《求志园记》中采芳径、文鱼馆、香雪廊皆按图可索，抚记展图，这座"旦而旭，夕而月，风于春，雪于冬"的甲第名园中当年文人云集、清谈雅会的盛景似乎随着手卷展开历历在目。虽写实景，却不是简单的再现，更注意了人造景观与湖渚山色的自然风光的谐调与结合，突出了中国古代"虽由人造，宛自天成"的造园理念。

　　江南山水园林与山水诗、山水画是在共同的观念形态上发展来的，即人对自然山水的喜爱和追求。古人造园，意在描摹自然美景，享受居于园中宛如行至自然之境的乐趣。在造园设计上，山水画与之关联尤为密切，发展为"以园入画，因画成景"的传统。从颂山水、画山水，到利用山水营造生活空间，是古人山水精神由二维至三维的多重形式表现。

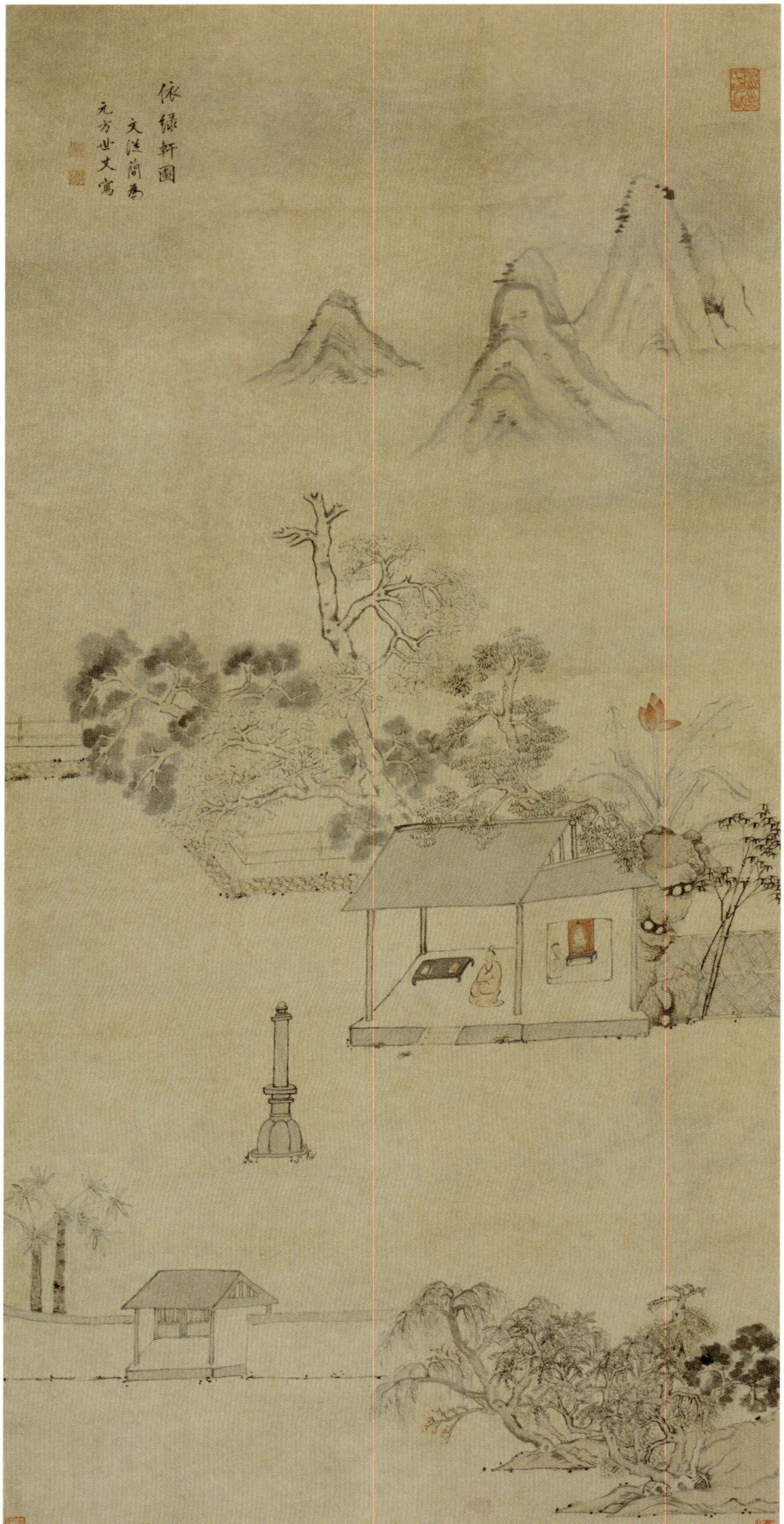
依綠軒圖

24
文从简　依绿轩图轴

明
纸本
纵 131.7 厘米，横 62.8 厘米
浙江省博物馆藏

　　文从简 (1574—1648)，字彦可，号枕烟老人，系籍长州（今江苏苏州）。文徵明曾孙，文嘉孙，元善子。崇祯十三年 (1640) 拔贡，清后退居林下，以书画自娱。山水画似文徵明、文嘉，能传家法。

　　自明初以来，园林题材绘画在江南地区盛行，一方面与晋唐宋元以来这类题材绘画传统的延续直接相关，另一方面是江南一带的缙绅士子热衷于游山玩水、居园画境的风尚。山水画与山水园林之间密切关联，"以园入画，因画成景"，二者都将自然景观与审美情感融贯为一，是江南人抒发和寄托山水情思的最佳载体。

25

肇麇　西园雅集图卷

近代
绢本，设色
纵 40 厘米，横 165.5 厘米
常熟博物馆藏

题款：西园雅集图。壬辰十有一月端甫，肇麐学画。

钤印：朱文方印"阮仙人"。

肇麐，生平待考。

西园是北宋英宗驸马都尉王诜（字晋卿）的私园。王诜曾邀请苏轼、苏辙、黄庭坚、米芾、蔡肇、李之仪、李公麟、晁补之、张耒、秦观、刘泾、陈景元、王钦臣、郑嘉会、圆通大师等十六人游西园并雅集，一时称盛。米芾为之作记，画家李公麟画图写照，影响极大。后人景仰之余，纷纷摹绘，故《西园雅集图》成为中国画中的经典主题。

此卷为近代肇麐所作，作者用芭蕉、岩石等自然景观巧妙地将长卷分割成六个场景，文士或挥毫写书作画，或题壁留诗，或拨阮演乐，或与高僧对谈等，生动再现了西园雅集的闲适与优雅。

玉茗書屋圖

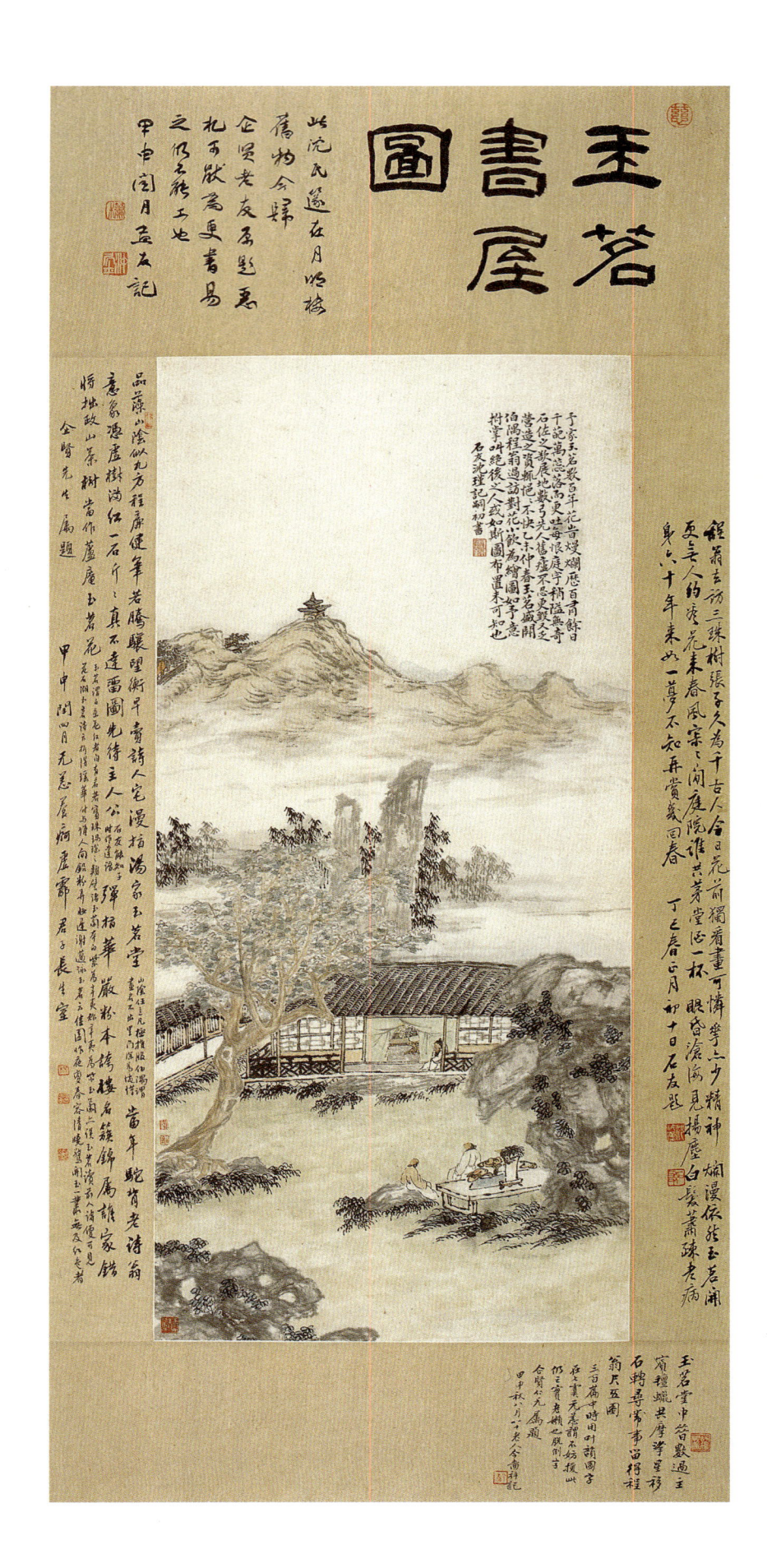

此沈凡民在月明樓
舊物今歸
企賢老友庚辰冬
乞為歡為更書易
之仍元能工也
甲申閏月岳廬記

于家玉茗數百年花當媛爛歷百有餘日
千記萬怨落而更蒸蒸暖恨庭宇稍隘無奇
石佐之歌蕉地數寸光人舊慮不忍更數之
營造之憤憤姖不怏乙未仲春王茗盛開
伯馬程翁過訪對花盛飲後入人盛如斯
以掌中絕後二人盛如斯圖布置未可知也
石友沈理記嗣初書

品藻山陰似九方程廣健筆若
意象源虚樹滿紅一石斤二真不逮雷圖光待主人公
师拙政山柔謝當作蘆屋玉茗花
全贇先生屬題
甲申閏四月無惠夏炳靈爵君子長生室

程翁玄訪三珠樹張子久為千古人合日花前獨看畫可憐筆上少精神
爛漫依然玉茗開
更美人的柔花來春風寒之閑庭院誰共茅堂區一杯
眼香溪漏見揚塵白髮蕭疎老病
見六十年來此一夢不知再賞幾回春
丁巳春正月初十日石友題

玉茗堂中答數通王
宿種蝶共摩挲笑里移
石蝴尋常事留程
翁尺五圖
三百篇中時用叶韻圖字
庵種蝶果韻九版別四字
仍之實君韻九版別四字
合贇先生屬題
甲申秋八月二吳人合南科記

26
程廉　玉茗书屋图轴

清代
纸本，设色
纵 102 厘米，横 47.5 厘米
常熟博物馆藏

题款：予家玉茗数百年，花甚熳烂，历百有余日，千葩万蕊，落而更吐。每恨庭宇稍隘，无奇石佐之。欲展地数弓，先人旧庐不忍更毁，又乏营造之资，辄悒悒不快。乙未仲春，玉茗盛开，伯隅程翁过访，对花小饮，为绘图如予意，拊掌叫绝。后之人或如斯图布置，未可知也。石友沈瑾记，嗣初书。

钤印：白文方印"程廉"、朱文方印"伯隅"、白文方印"云锦"等。

程廉（1851—1896），字毓生，号伯隅，江苏常熟人。画家程百龄之子。用笔粗放浑朴，与吴昌硕、程璋过从甚密。

作者将主景玉茗书屋置于近景，屋前庭院疏朗，一株玉茗（白山茶花的别称）花开烂漫，院内置湖石、石桌、芝草菖蒲盆栽，院中二人与屋内老者正安坐赏花。中景丛竹猗猗、水景清丽，远景以浅绛设色铺陈虞山山峰连绵，东岭之巅的二层楼阁"辛峰亭"尤为写实，为远近知名的虞山标志性建筑。

"玉茗书屋"晚清常熟诗人、藏砚家沈石友的书斋，沈氏常邀约吴昌硕、吴穀祥、萧退庵等名士雅集，诗歌唱和，品茗谈艺。沈宅庭院中有一株百岁玉茗，每开花时百有余日，千葩万蕊，引人入胜。清光绪二十一年（1895）仲春，玉茗盛开，适邑中画家程廉过访，石友遂与之对花小酌于树下。程为其作画，图成由石友作记，张云锦书于画轴。至丁巳年（1917）春正月初十，玉茗花再次盛开，但是友人张云锦、程廉已逝去，沈石友垂垂老矣，触景生情，在画轴上题诗三首。画轴诗堂为萧退庵三弟萧蛊友于1944年题写，同年杨无恙赋诗三首跋于图侧，季厚焘又作诗题记。

第二单元　解构山水关系

　　山水画作为山水审美的表现形式之一，以图像的形式传达出不同绘者观景时的角度、态度和心境，反映了既定时空背景下的山水审美意趣。分析画卷中的图式结构，总结画家的绘景逻辑，以期辨析古人面对自然时秉持的山水理念。

　　实境山水图亦或卧游画作，不论立轴、长卷，还是团扇、册页，墨色的选取和浓、淡配比，不同景物的比例和远、近、高、低的空间布局，勾、皴、擦、点、染技法的调动，这些共同构建出绘画语言。本单元展出江南景观主题山水画，以山行、舟行两种观景视角入手，通过解读明清画家的绘画语言，再现各类图像向我们传达的山水精神世界。

（一）舟行

　　舟船作为江南地区出行时必不可少的交通工具，自然成为山水画卷中不可或缺的点景要素，画家笔下描绘的各式舟楫不胜枚举，装点了清丽的湖光山色。江南文人泛舟行旅，更时常将舟船变为"移动画室"，置书箱或小案于其内，沿途随心创绘。

　　无论是驻足水岸，观赏水上舟行之貌，还是置身船中，体味舟移景异之趣，不同视角皆再现了江南景致的动与静，山水与城林。绘画中溪上渔隐、江边待渡的图像是水网泽国不可缺失的景观。

1
苏孙瞻　青绿山水图卷

清代
绢本，设色
纵 19.6 厘米，横 83.3 厘米
常熟博物馆藏

　　题款：白云缕缕青山出，云自忙时山自闲。唯有野人忙不了，朝朝洗砚写青山。乙未暮春，写于烟云供养处。虞山苏孙瞻。

　　钤印：朱文长方印"戊申"、白文方印"孙詹"、朱文方印"甘渔"。

　　苏孙瞻（1728—?），字耕虞，号甘渔、耐寒叟，江苏常熟人。早年家贫以绘画自给，后随族叔宦游入楚。其诗风近晚唐人。工山水，近赵千里一派，花卉宗恽南田，仕女学唐寅、仇英一路。

　　此卷画风工整精细，以小青绿设色，清丽雅致，峰峦起伏连绵，山间云雾弥漫，树木茂盛，村舍俨然，数艘轻舟浮于水面，一派江南秀丽风光。

点景屋宇以示山之深幽

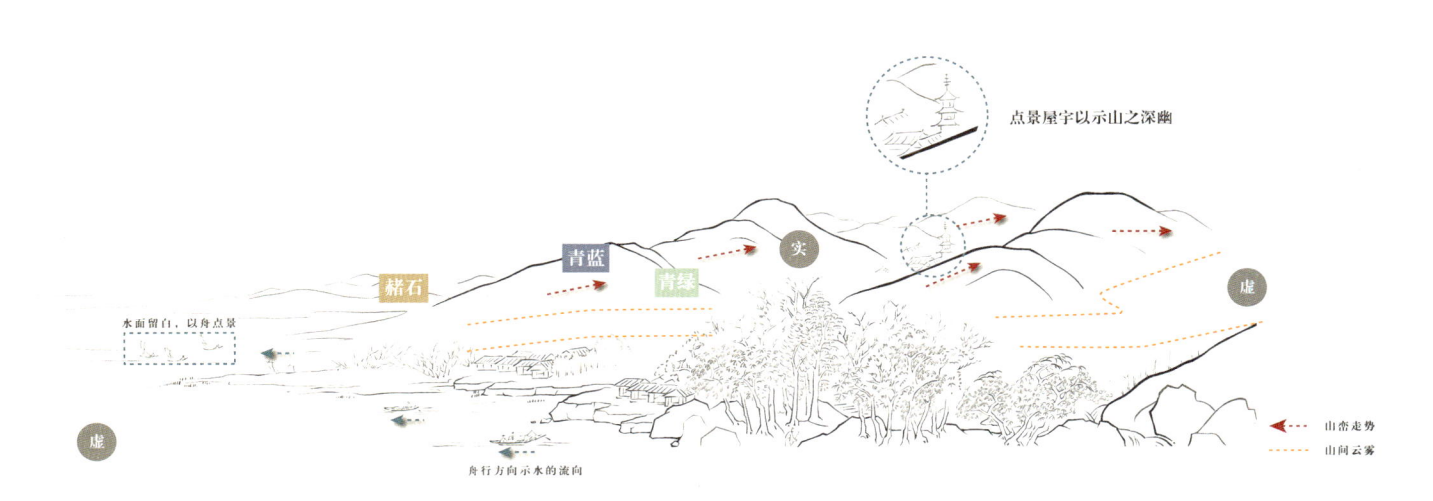

赭石　青蓝　青绿　实　虚

水面留白，以舟点景

虚

舟行方向示水的流向

山峦走势
山间云雾

2
李流芳　秋溪渔艇图扇页

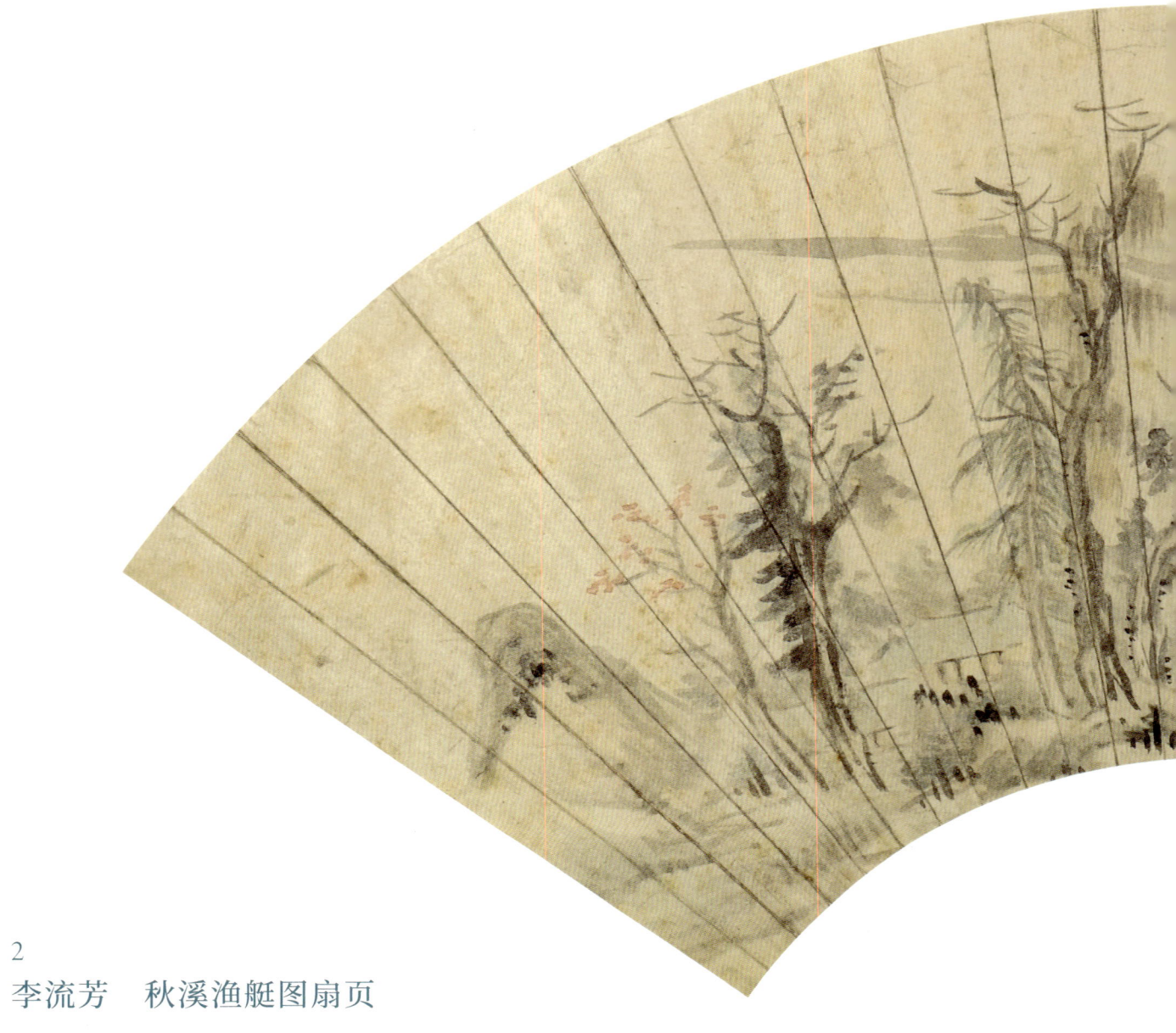

明代
纸本，设色
纵 23 厘米，横 49.5 厘米
常熟博物馆藏

题款：秋溪渔艇。己丑四月，为德韫先生，李流芳。

钤印：半朱半白方印"李流芳"、白文长方印"颐情馆藏"。

李流芳（1575—1629），字长蘅，号檀园、慎娱居士，安徽歙县人，侨居嘉定（今上海市嘉定区）。擅文学，工画，山水宗黄公望、吴镇，画风清逸隽秀。

此图近景绘山石坡陀，其上杂树数株，树叶稀疏；中景是空荡荡的水面，一文士头戴斗笠，独钓秋溪；远景是低缓的山峦。画面描绘寒秋之景，充满萧瑟之感。

实

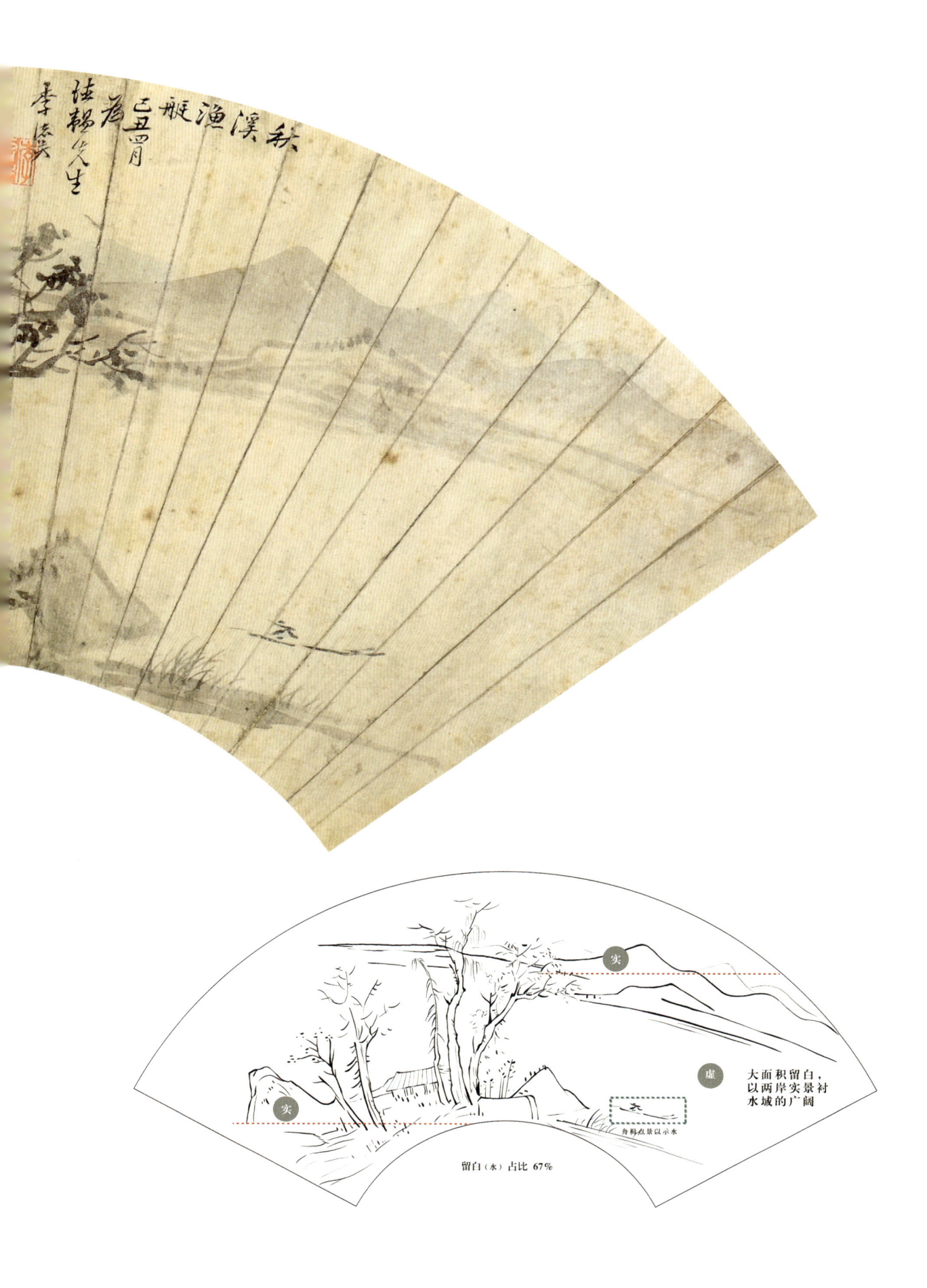

虚　大面积留白，以两岸实景衬水域的广阔

实

舟楫点景以示水

留白（水）占比 67%

第二单元　解构山水关系　　133

3
王翚　仿吴镇夏木垂阴图扇页

清代
金笺，墨笔
纵 19.2 厘米，横 56.5 厘米
常熟博物馆藏

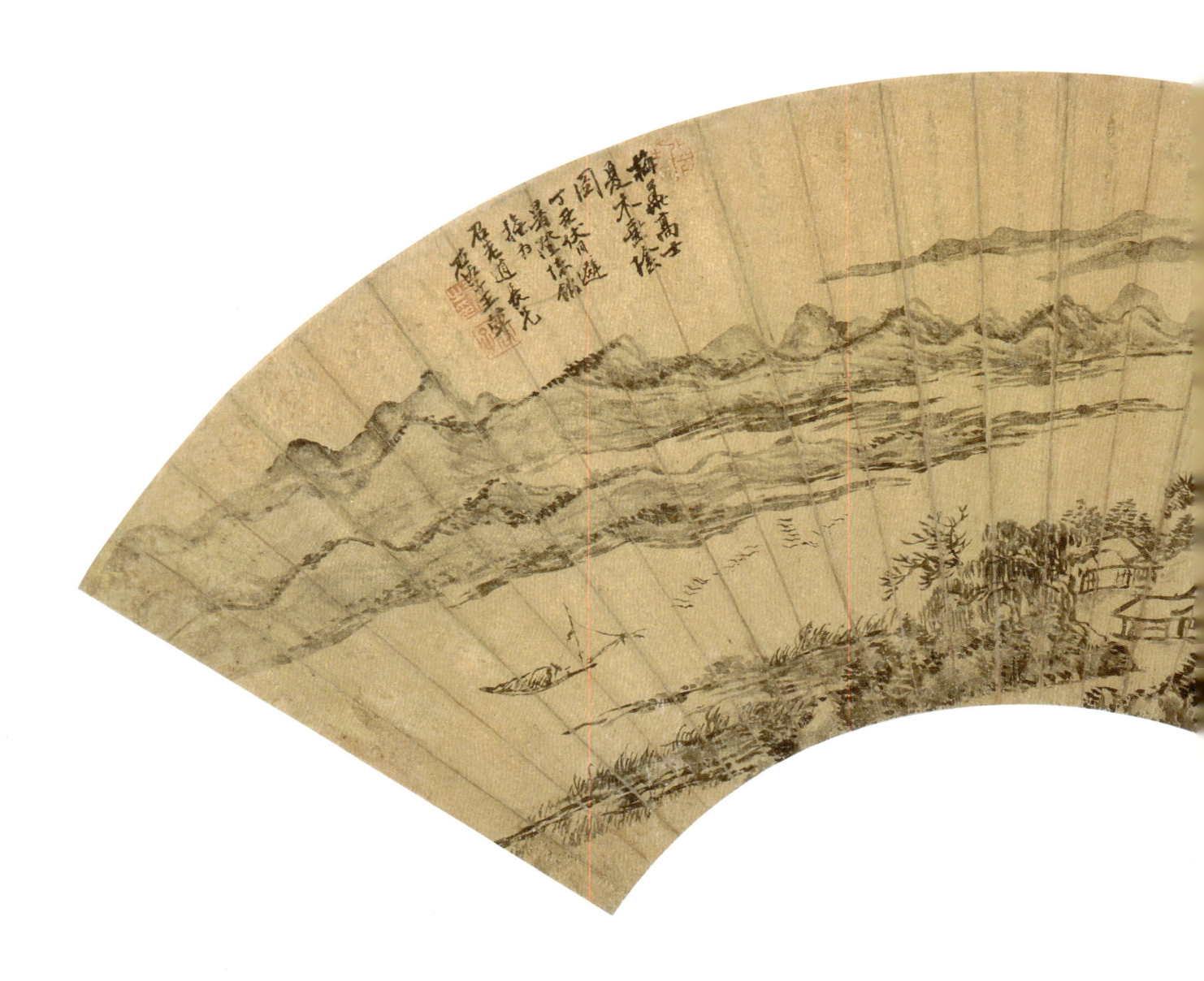

水面留白，故以舟楫、飞鸟点景

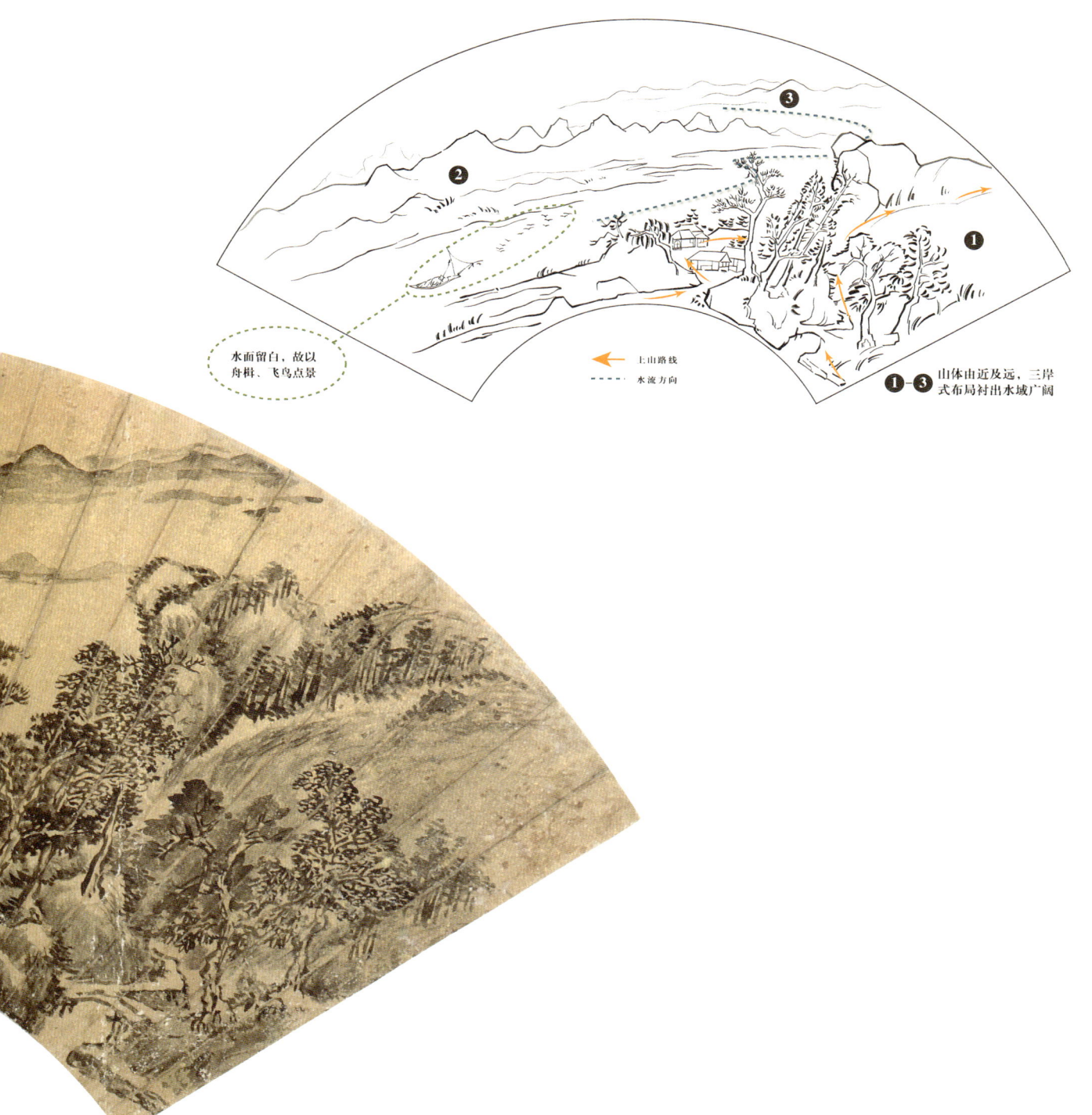

← 上山路线
--- 水流方向

❶-❸ 山体由近及远，三岸式布局衬出水域广阔

题款：梅花高士夏木垂阴图。丁丑伏月，避暑澄怀馆，抚为召老道长兄。石谷子王翚。

钤印：朱文方印"上下千年"、白文方印"王翚之印"、朱文方印"石谷子"。

王翚（1632－1717），字石谷，号耕烟散人、乌目山人、清晖老人等，江苏常熟人。曾奉诏进京，主持绘制《康熙南巡图》长卷，皇太子胤礽赐书"山水清晖"。为"虞山画派"创始人，被誉为清代画圣，与王时敏、王鉴、王原祁合称为"清初四王"。

此图作于 1697 年，为王翚 66 岁时临仿元四家之一吴镇的仿古作品，笔墨圆浑苍润。画面作平远布局，山环水绕，表现了温和秀丽的江南水乡景观。

寒林图
李营邱 画

4
方薰　寒林图

清代
纸本，水墨、设色
纵 28 厘米，横 21 厘米
常熟博物馆藏

题款：寒林图。李营邱画法。

钤印：朱文方印"薰"。

方薰（1736—1799），字兰坻、懒儒，号兰士、兰如、兰生等，石门（浙江桐乡）人。工诗词古文，书法学褚遂良，诗、书、画并妙，写生尤佳。

此页出自方薰《仿古山水图册》（共十二开），为第八开。该册作于乾隆甲午（1774年），作者时年39岁，虽为摹仿前代画家的山水画作，但其能取各家之长，化为己意，作品格调清雅，拙朴率真。

此开仿北宋画家李成（字营邱）寒林图，绘巨嶂直立，山间瀑布流淌，近处水岸老干虬枝，有的枝条如蟹爪下垂，萧瑟中透着生命的精神。中景为一泓溪水，水面之上一人孤舟独钓，钓者的悠闲与岸景的萧瑟，一动一静形成鲜明对比。

第二单元　解构山水关系　137

寒江晓泊
拟郭河阳

近山高耸嶙峋，
远山低小绵延

泊舟点景

◆--- 山峦走势
◆--- 上山路线

5
方薰　寒江晚泊

清代
纸本，水墨、设色
纵 28 厘米，横 21 厘米
常熟博物馆藏

题款：寒江晚泊。拟郭河阳。

钤印：朱文方印"薰"。

方薰所绘山水结构精微，风度闲逸。此页出自方薰《仿古山水图册》（共十二开），为第十一开，仿北宋画家郭熙，绘傍晚时的山水寒林。左侧山峰高耸，山脚的丛树掩映着村居，右侧的远山低矮连绵。画面右下部绘岸渚浅滩，岸边桅杆林立，一组航船静静停泊。画面空无一人，萧索寂寥，与寒江晚泊的主题相符。

6
秦炳文　尚湖话别图册

清代
绢本，设色
纵 22 厘米，横 33.7 厘米
常熟博物馆藏

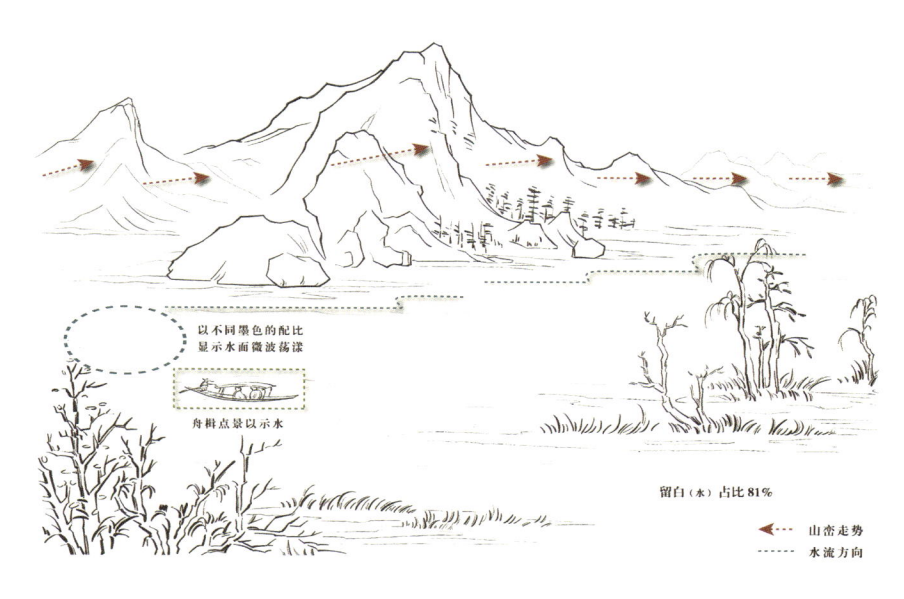

题款：尚湖话别图。乙未莫冬，写奉约轩姑丈大人，姪秦燡。

钤印：白文方印"小痴"

秦炳文（1803—1873），初名燡，字砚云，号谊亭、小痴，江苏无锡人。道光二十年（1840）举人，官户部主事。广交游、精鉴赏，擅画山水、初学王鉴，后宗黄公望、吴镇，臻其胜境。

此图构图是由近至远的平远法，近处湖畔草木葱郁，远处山峦连绵，湖面波平如镜，一叶小舟载着文士飘然而去。作者以写意的笔法绘江南秀色，表现友人惜别之情。

第二单元　解构山水关系

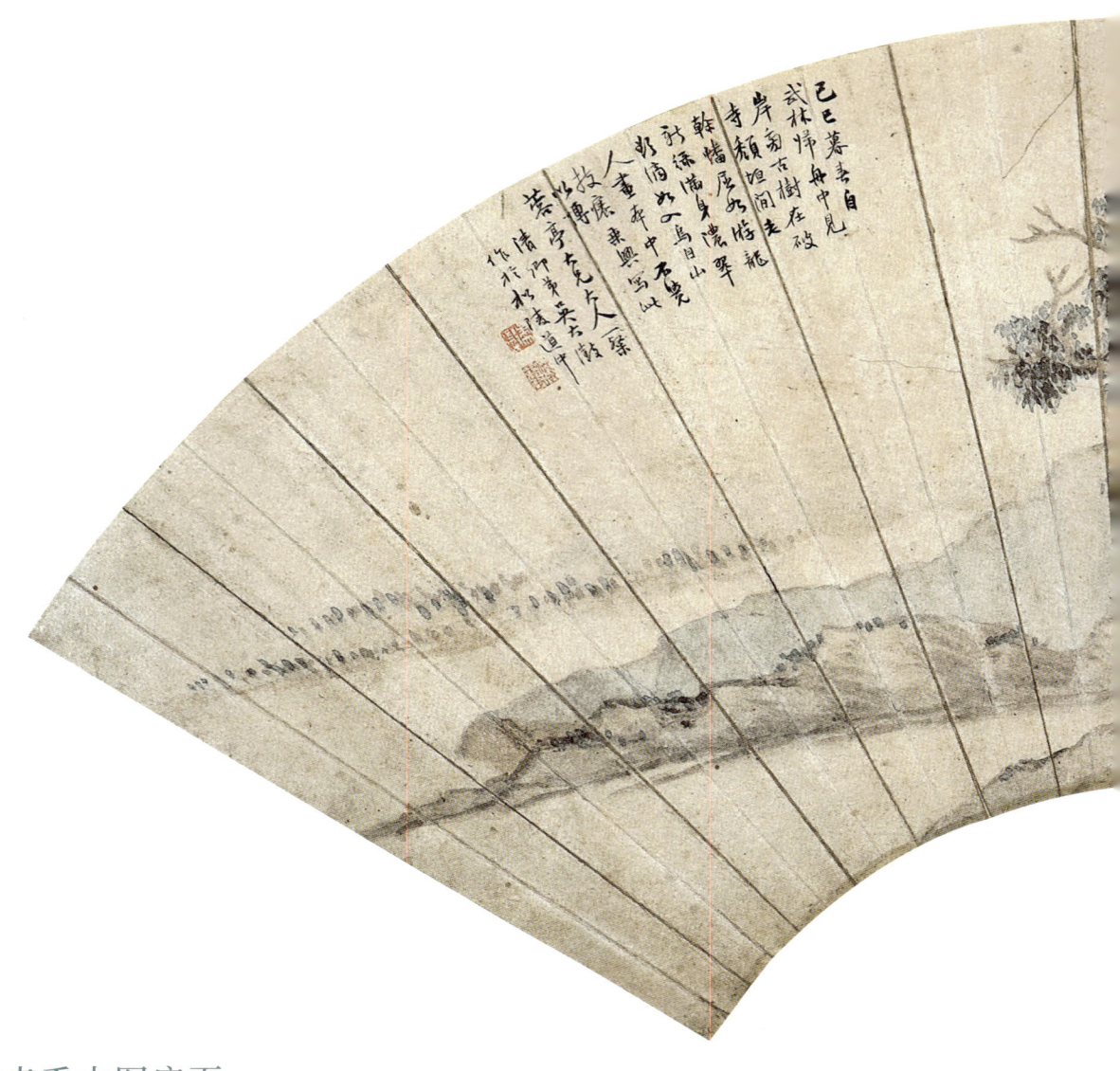

7
吴大澂　古寺乔木图扇页

清代
纸本，设色
纵 18.4 厘米，横 53 厘米
常熟博物馆藏

题款：己巳暮春，自武林归，舟中见岸旁古树在破寺颓垣间，老干蟠屈如游龙，新绿满身，浓翠欲滴，如入乌目山人画本中。不觉技痒，乘兴写此，以博蓉亭大兄大人一粲。清卿弟吴大澂作于松陵道中。

钤印：白文方印"吴大澂"、朱文方印"清卿书画"。

吴大澂（1835—1902），字清卿，号恒轩，晚号愙斋，江苏苏州人。同治七年（1868）进士，官至湖南巡抚。精鉴赏，嗜收藏，工书能画。

由此图题款可知，该图绘作者乘舟经过吴江县松陵镇（今属苏州市吴江区）所见岸边之景，舟移景易，如同进入画家王翚的青绿山水长卷之中，吴大澂乘兴对景作画，即成此扇。

虚　实

中轴线

左右两侧虚景和实景的对比，
标示出水河岸的关系以及绘者
于舟中观岸景的角度

第二单元　解构山水关系

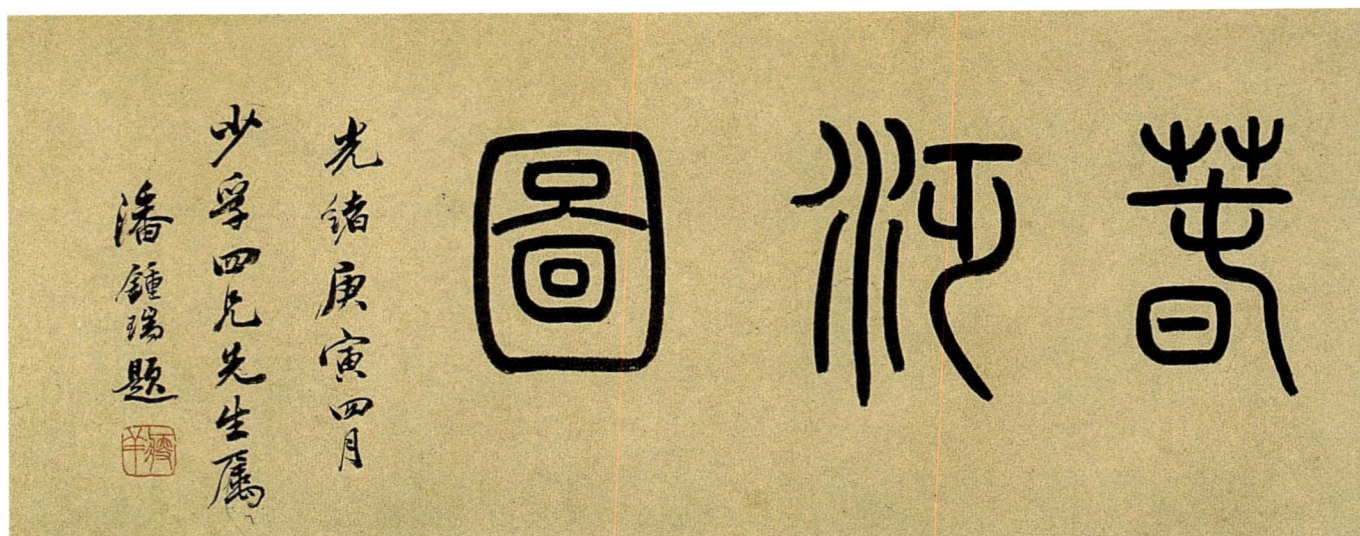

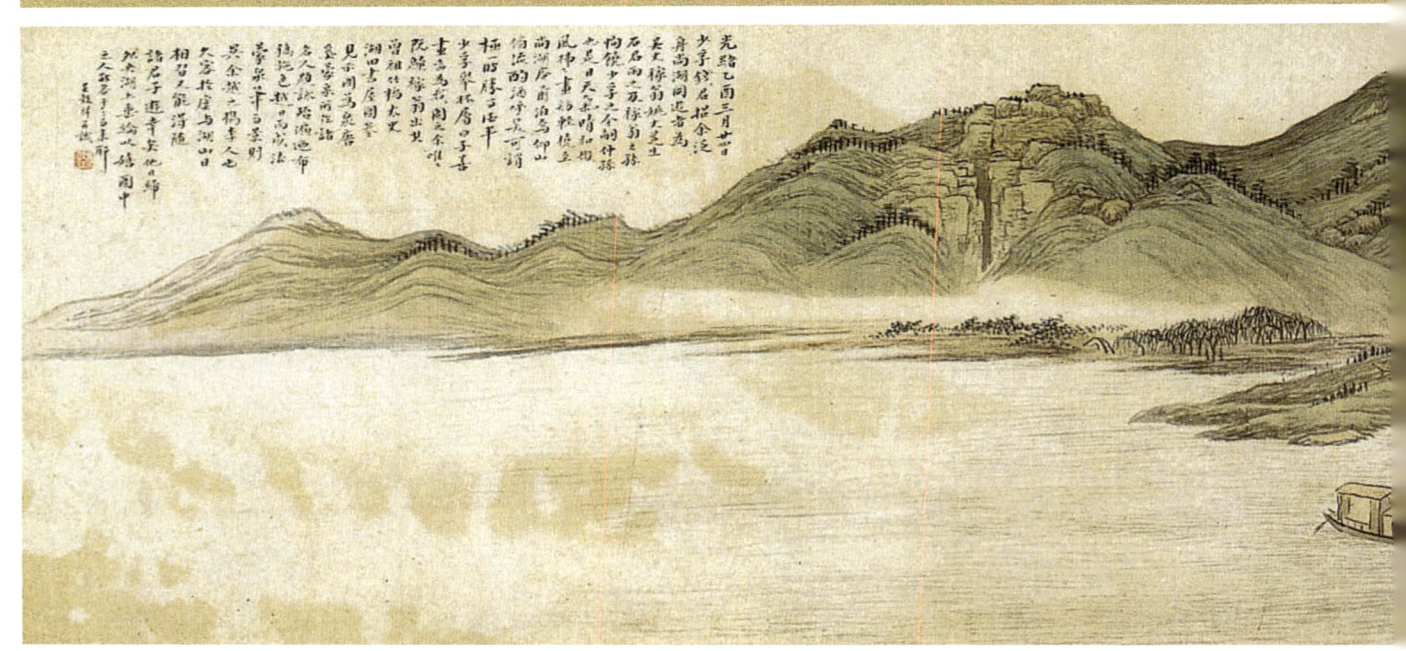

8
吴榖祥　尚湖春泛图卷

清代
绢本，设色
纵 25.5 厘米，横 51.6 厘米
常熟博物馆藏

题款：光绪乙酉三月廿四日，少孚钱君招余泛舟尚湖，同游者为吴丈稼翁、姚丈芝生、石君雨之及稼翁之孙恂饶、少孚之令嗣仲孙也。是日天气晴和，微风拂拂，画舫轻桡，至尚湖庵前泊焉。仰山俯流，酌酒呼笑，可谓极一时胜事。酒半，少孚举杯属曰："子善画图，为我图之。"余唯唯。既归，稼翁出其曾祖竹桥太史《湖田书屋图卷》见示，图为泉唐奚蒙泉所作，诸名人题咏殆遍。乃布稿施色，越日而成，法蒙泉笔而景则异。余越之樵李人也，久客于虞，与湖山日相习，又能得随诸君子游，幸矣。他日归夗央湖上，垂纶以嬉，图中之人能各于于而来耶。吴榖祥并识。

钤印：白文方印"吴榖祥"。

吴榖祥（1848—1903），字秋农，号秋圃，浙江嘉兴人。工山水，喜作青绿设色，苍秀沉郁，气韵生动，亦擅人物、花卉。曾客居常熟，后游京师，声誉鹊起。

此图卷作于光绪十一年（1885），吴榖祥时年38岁。描绘温暖恬静的江南春色，虞山青翠，峰峦连绵，剑门处奇石嶙峋。尚湖微波荡漾，垂柳依依，一艘画舫停泊尚湖庵边，近处湖岸边渔网高挂，树木葱郁。

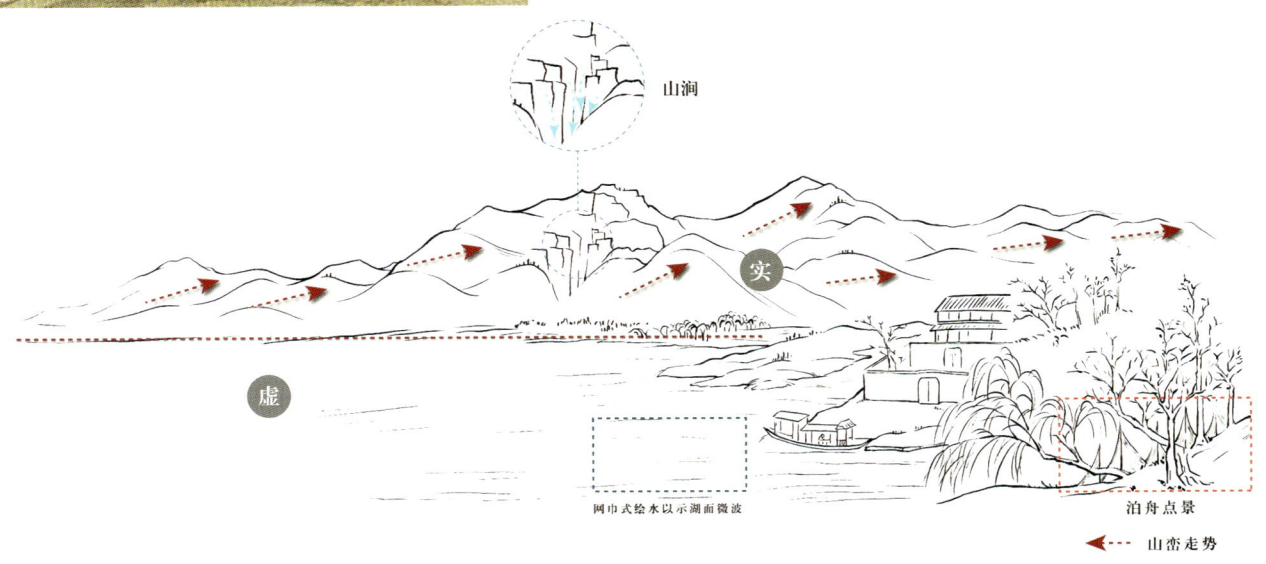

第二单元　解构山水关系　145

桥梁点睛，
斜插式构图
打破规整岸景

一水两岸，岸景狭而水面
阔，衬出水上泛舟的闲适

借飞鸟飞动的
方向展现深远

❶-❸ 树的前后设置
以示景的深悠

146　山水舟行远——江南的景观

9
吴榖祥　烟波春柳图扇页

清代
金笺，设色
纵 24.3 厘米，横 53.3 厘米
常熟博物馆藏

题款：丙子春日，为景清大兄大人仿赵大年《烟波春柳》图本，即请大雅教之。秋农吴榖祥。

钤印：朱文方印"秋农"。

吴榖祥（1848—1903），字秋农，号秋圃，浙江嘉兴人。工山水，喜作青绿设色，苍秀沉郁，气韵生动，亦擅人物、花卉。曾客居常熟，后游京师，声誉鹊起。

此扇面作于光绪二年（1876），吴榖祥时年29岁。画中采用一水两岸的构图，两岸柳树枝叶茂盛，郁郁葱葱，林间云雾迷蒙，鸟儿低飞，一座木桥通向远方。溪水静流，溪岸边泊着一小舟，船舱中支起方形的帐篷，两侧设有栏杆，两位文士于舱中对坐交谈，一人笼手低语，一人回首而望，船头一小童手执竹篙，掩面蜷身小憩。

10
雪舟　南屏话旧图扇页

清代
纸本，墨笔
纵 17 厘米，横 49.6 厘米
常熟博物馆藏

题款：南屏话旧图。光绪戊戌闰三月中浣写，奉菉卿居士大雅政。西湖僧雪舟。

钤印：朱文连珠印"雪""舟"。

雪舟（1846－1892），僧人，俗姓陈，字静生，号雪舟。工山水杂画，墨菊尤佳。

此扇面绘西湖之景，远景为南屏山净慈寺和雷峰塔，中景为一艘小船驶向湖中小岛，一人摇橹，船舱中竖起凉棚，棚下两人正在对谈，反映出"南屏话旧"的主题，湖中还有一孤舟，一人独坐船头观景。岛上牌坊、屋舍、亭阁错落有致，似应是孤山。近景为城墙、谯楼及湖岸。

南屏話舊圖

远景

留白（水）
占比 47%

中景

近景

← -- 山峦走势
← -- 行舟方向

第二单元　解构山水关系　　149

11
甜白釉香炉

明代
高9.4厘米，直径10.8厘米
吴文化博物馆藏

  香炉作为文房用器，用以盛放沉香、檀香类的天然香料。焚香、品茗是文人雅士的日常生活方式。

  甜白瓷是在元代枢府器的基础上发展而来的。永乐白瓷色调恬静柔润，在视觉上给人以"甜"的感觉，故称"甜白瓷"。甜白瓷在我国陶瓷史上享有盛誉，文献称其"白如凝脂、素犹积雪"。

12

紫檀镂雕长方香薰

明代
长 20 厘米，宽 6.5 厘米
吴文化博物馆藏

13
冰裂纹笔架

清代
长 8.9 厘米，高 3 厘米
吴文化博物馆藏

此器仿山子形，高低耸秀，造型古拙，起线圆润。瓷胎致密莹亮，釉色清幽雅致，其上满布冰裂纹，不规则开片交错有致，布局疏朗清新，气韵恬淡素净。

笔架山早期多为石质，陈设于文人案头，是置放毛笔的一种文具。宋朝鲁应龙在《闲窗括异志》中对此有准确描述："远峰列如笔架。"这件山形笔架放于书房案头，以置笔之用，文人气息尽显其间。

14
青花船形盏托

清代
高 3.9 厘米，径 14.4 厘米
吴文化博物馆藏

  船形盏托出现于明代，又称茶托子，承托茶盏以防烫手之用，后因其形似舟，遂以茶船或茶舟名之。《饮流斋说瓷》中云："乘杯之器谓之盏托，亦谓之茶船，明制如舟，清初亦然。"此器青花发色明艳，整体高雅质朴，古色古香。

15
青花山水香炉

清代
高 8.1 厘米，直径 12.8 厘米
吴文化博物馆藏

此器通体饰青花山水人物图案。青花娇艳青翠，清新明快，具有水墨画的艺术效果。画面层次分明，富有立体感。器身上绘文士、书童行于山径之间，画面形象生动。

16

石章、玉章

清代
长5厘米,高4.8厘米;长2.2厘米,高5.8厘米
吴文化博物馆藏

17

金地粉彩人物描金四方印盒

清代
长 6 厘米，宽 6 厘米
吴文化博物馆藏

18

粉彩人物花卉描金墨床

清代
长9.5厘米，宽5厘米
吴文化博物馆藏

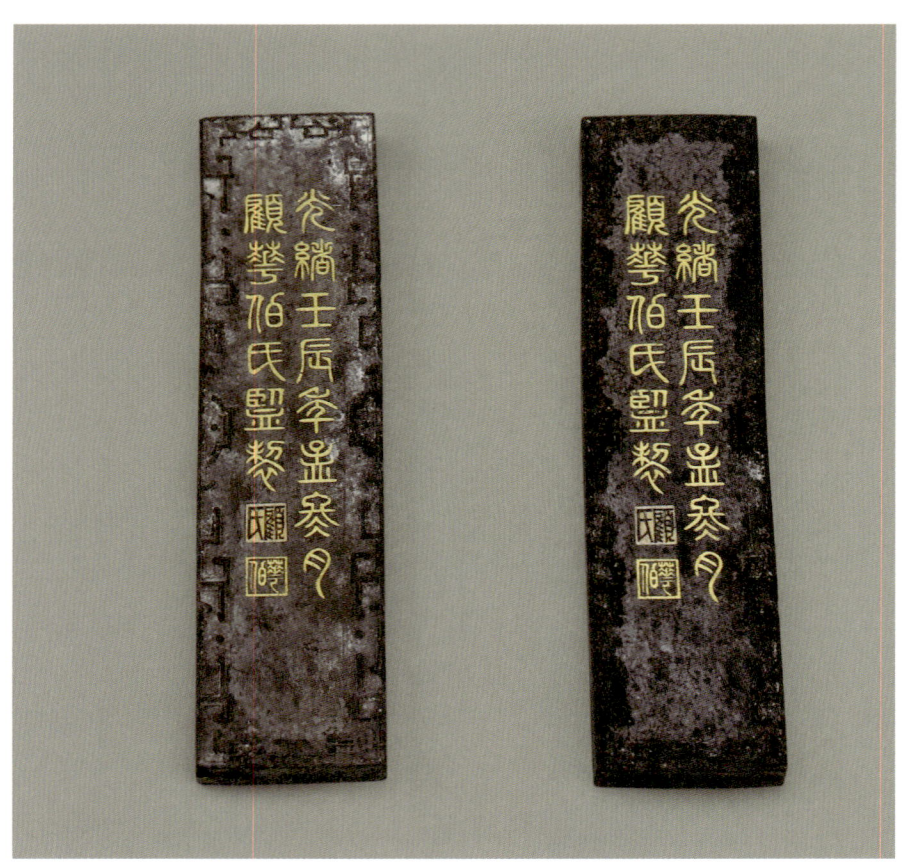

19

"顾华伯氏监制"墨

清代
长 9.2 厘米
吴文化博物馆藏

20

"鸳鸯戏水"砚

近代
长 16.8 厘米，宽 13.1 厘米
吴文化博物馆藏

第二单元　解构山水关系

21
白釉山水雕瓷纹帽筒

清光绪
高 27 厘米，直径 12.1 厘米

帽筒，为置帽之用，始于嘉庆朝。至同治、光绪年间，此类器物通常成对摆设于厅堂桌案之上，亦可作为装饰摆件。该帽筒内外均施白釉，呈圆柱形，中空，平底，底部刻"王炳荣作"二行四字篆书款。筒身采用减地浮雕法，雕刻出通景式的山水楼阁，刀法流畅，栩栩如生。

22
琴式翡翠镇纸

清
长 11.1 厘米，高 1.2 厘米，琴首部宽 2.7 厘米
常熟博物馆藏

  呈玻璃质地，半透明，绿色弥漫，局部浓艳。依照仲尼式古琴的造型而雕琢，琴首侧面挖出一个凹槽，以表示琴体中空的结构；岳山处饰有七个圆点，表示七根琴弦穿过的弦眼；琴面外侧刻有 13 个圆点，表示琴徽（徽的位置实为琴弦的泛音震动节点）；尾部两边雕出略凸起于琴面的圆弧形的冠角；背面随古琴轮廓向内掏空。

  古琴属古代拨弦乐器、"八音"中之丝类，其历史悠久，周代已有之，定型于汉，延续至今。在汉魏南北朝时期为伴奏和歌的重要乐器，奏时右手弹弦，左手按弦，音色变化丰富。清和淡雅的古琴寄寓了风凌傲骨、超凡脱俗的处世心态，被视为文人雅士修身养性的必由之径。明清时期，古琴的造型元素常常被运用到砚、墨、臂搁、镇纸等文房用具制作之中。

23
红木船摆件

清
通长 28 厘米，通宽 8 厘米，高 27 厘米
常熟博物馆藏

　　船身以红木雕刻而成，为装饰摆件。分前舱、中舱和后舱，两侧置一篙一橹。前舱内置一方桌，周围安放椅凳，侧置镂空花栏，上搭凉棚，出檐上卷。中舱稍矮，船舱左右镂雕双窗。后舱上搭凉棚与侧置护栏均斜直向上。

（二）山行

　　明清时期江南文人社群兴盛，雅集常伴随胜景游览活动。江南地区嶙峋的奇石构筑了独特的山体风貌，市郊群山拱列、泉石清幽的自然环境无疑成为文人隐士逃离喧嚣城市以驻足修心、渲染笔墨的绝佳圣地。由此，山行、山居的绘画题材被画家们所钟爱。无论是仿古而绘心中山境，还是亲身登临后的实景记录，都使我们得以一观画家们行于山径之上、隐游江南天地的惬意情怀。

1
刘原起　春耕图扇页

明代
金笺，设色
纵 11 厘米，横 52 厘米
常熟博物馆藏

　　题款：丁巳九月。刘原起。

　　钤印：白文方印"原起之印"。

　　刘原起，初名祚，字子正，号振之，生卒年不详，江苏苏州人。工诗，擅山水和花卉，师从文徵明弟子钱穀，是晚明吴门画派的代表人物。

　　此图设色明快，用笔沉稳细腻，精湛的画功既把握住文人画的意境，又尊重传统的笔墨技法。画面中近景的山脚园居、中景的湖边农田和远处的连绵群山由右至左层层铺展，展现春日江南的山水田园景象。

塔与树点景，以示山的悠远

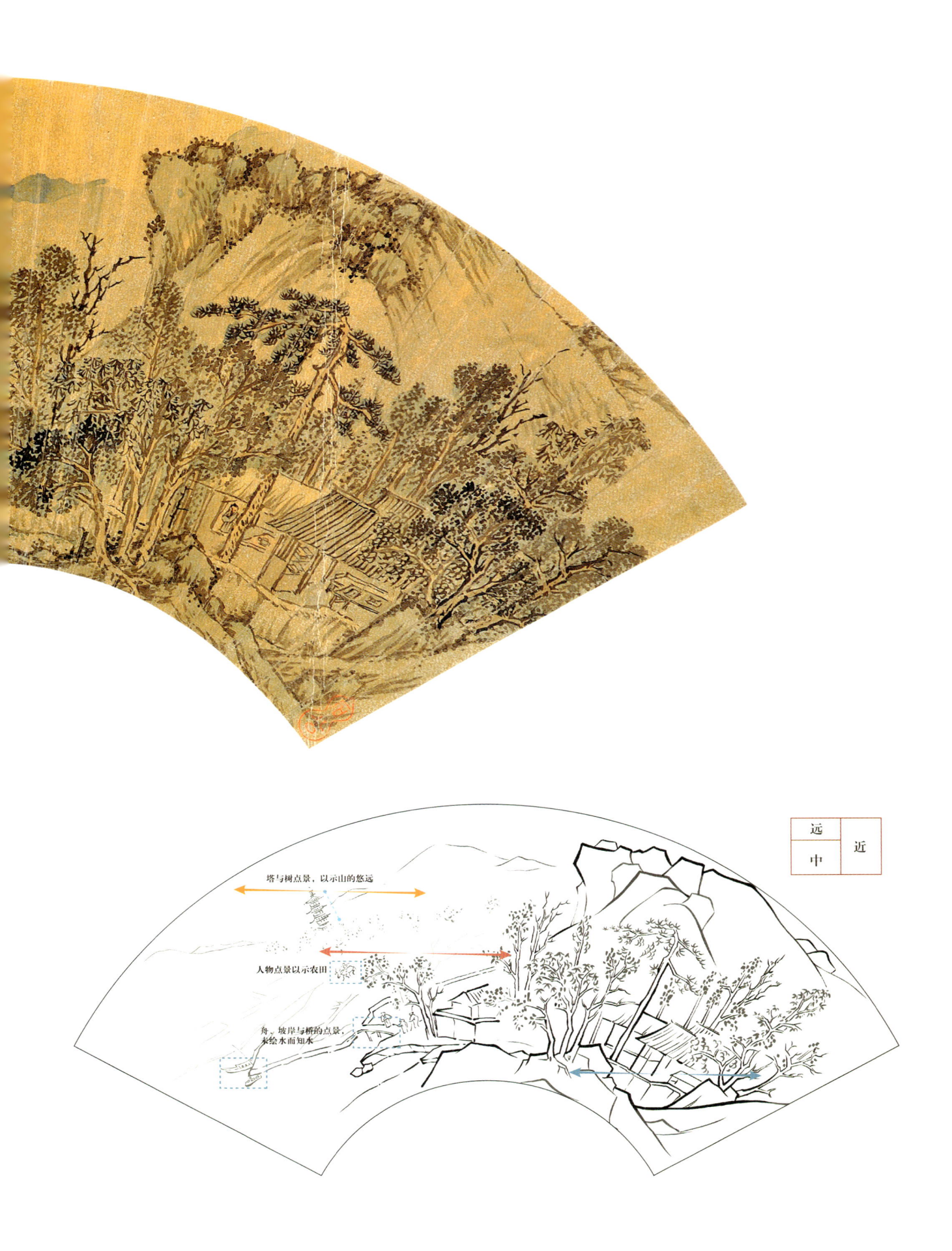

人物点景以示农田

舟、坡岸与桥的点景，未绘水面知水

远	近
中	

第二单元　解构山水关系　　165

2

沈宗骞　山水图册

清代
纸本，水墨、设色
纵 18.7 厘米，横 25 厘米
常熟博物馆藏

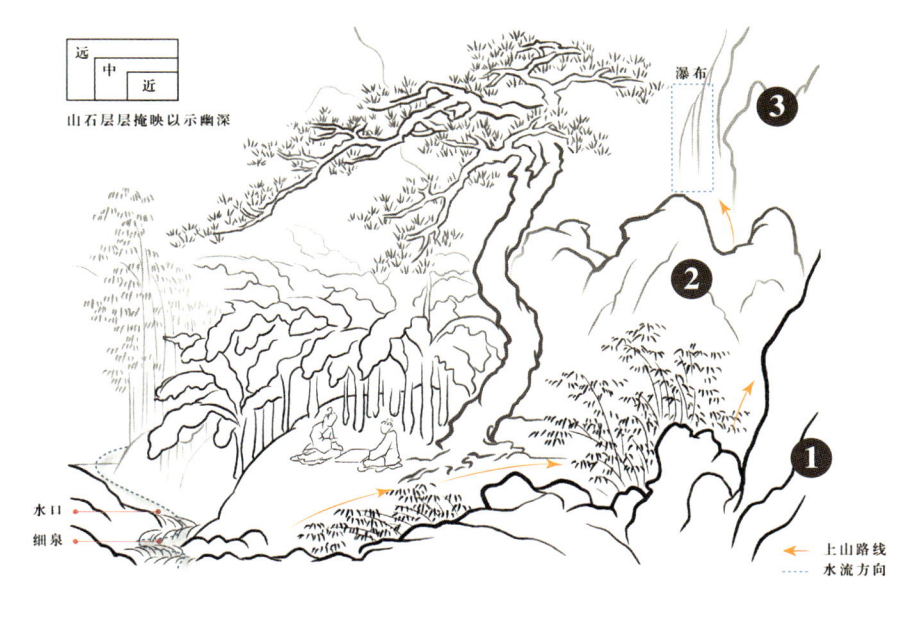

题款：松阴偃盖，蕉竹几映，此中人何不早了？此局尚艰艰，相持无已耶。我都不管，只作局外语。芥舟。

钤印：朱文方印"芥舟"。

沈宗骞（1736—1820），字熙远，号芥舟，浙江乌程（今湖州）人。擅画，山水之外，兼及人物，无不精妙，著有《芥舟学画编》。

该册页共十二开，用笔隽秀细密，水墨酣畅淋漓，设色清丽淡雅。每一景的题款均有涉及画论，为此册更添一番意趣。

第二单元　解构山水关系　167

倣巨然

山水景致的虚与
实呈对角分布

虚　实

实　虚

◀----- 山峦走势
◀----- 上山路线

桥点景以示水

3-1
王鉴　仿古青绿山水图册

清代
纸本，水墨、设色
纵 22 厘米，横 14.6 厘米
常熟博物馆藏

题款：仿巨然。

钤印：朱文方印"鉴"。

王鉴（1598—1677），字圆照、元炤，自号湘碧，又号染香庵主，江苏太仓人。娄东画派代表人物，与王时敏、王翚、王原祁并称为清初"四王"。早年倾力于临摹董巨、元四家，中年以后画路不断拓宽，除南宗诸家外还学习北宗诸家，晚年画路日宽。

此册共六开，仿巨然、江贯道、赵伯驹、黄公望、倪瓒、赵孟頫等宋元名家山水，由苏州过云楼后裔顾榴等捐赠常熟博物馆。仿北宋巨然一开，山形结构严谨，高而不险，以淡墨皴染，焦墨点苔，滋润浑厚。有一木桥连通两侧溪岸道路，道路以淡青色烘染。

第二单元　解构山水关系　　169

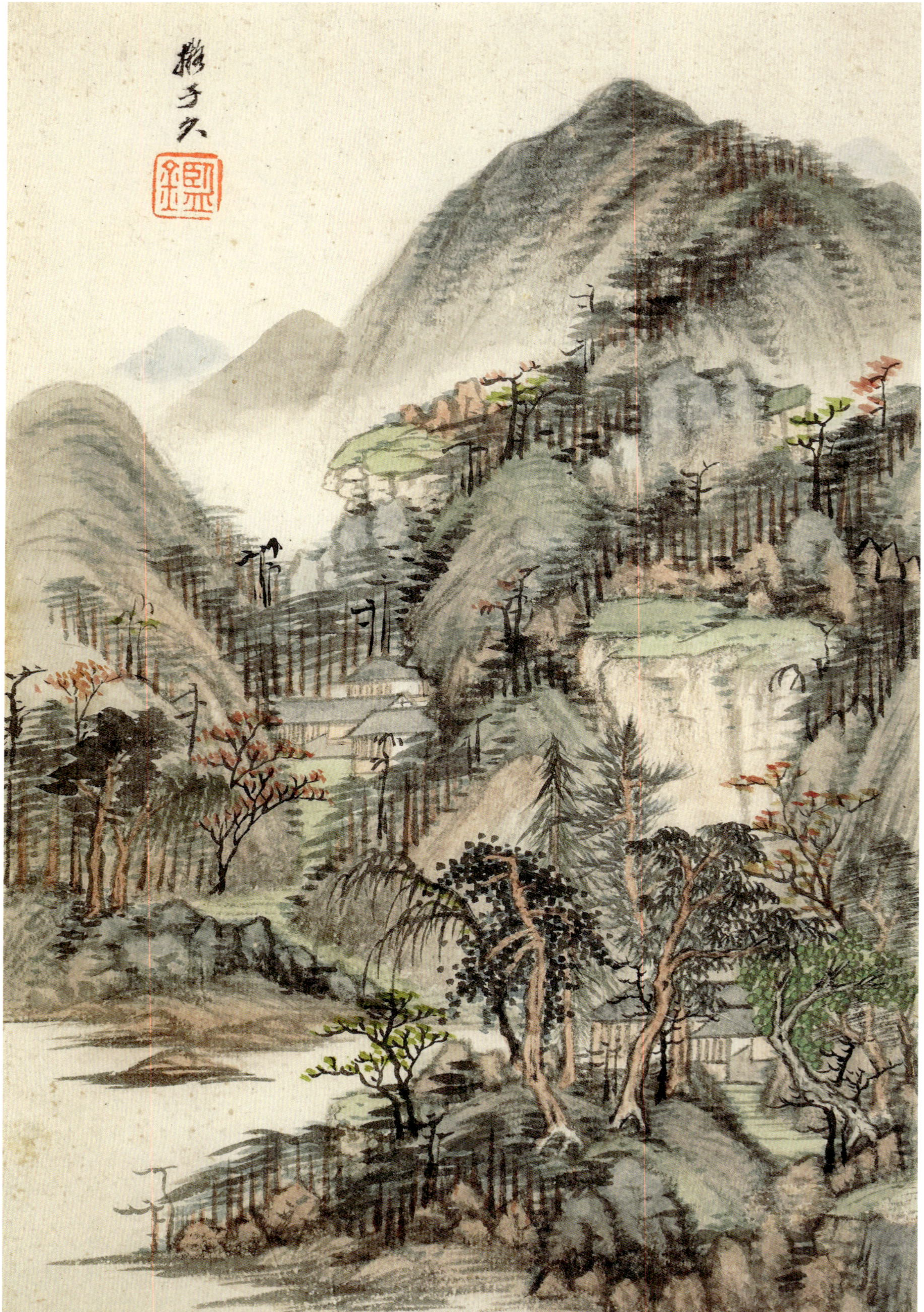

● 山头

● 山脊

● 山鞍

● 山鞍

● 山脚

◀--- 山峦走势

3-2
王鉴　仿古青绿山水图册

清代
纸本，水墨、设色
纵 22 厘米，横 14.6 厘米
常熟博物馆藏

题款：拟子久。

钤印：朱文方印"鉴"。

此开仿元代黄公望浅绛山水，描绘江南的秀丽风光，峰峦平冈，幽谷间山径逶迤，屋舍俨然，山石以披麻皴干笔皴擦，林木丛树多用横点绘出。

第二单元　解构山水关系　　171

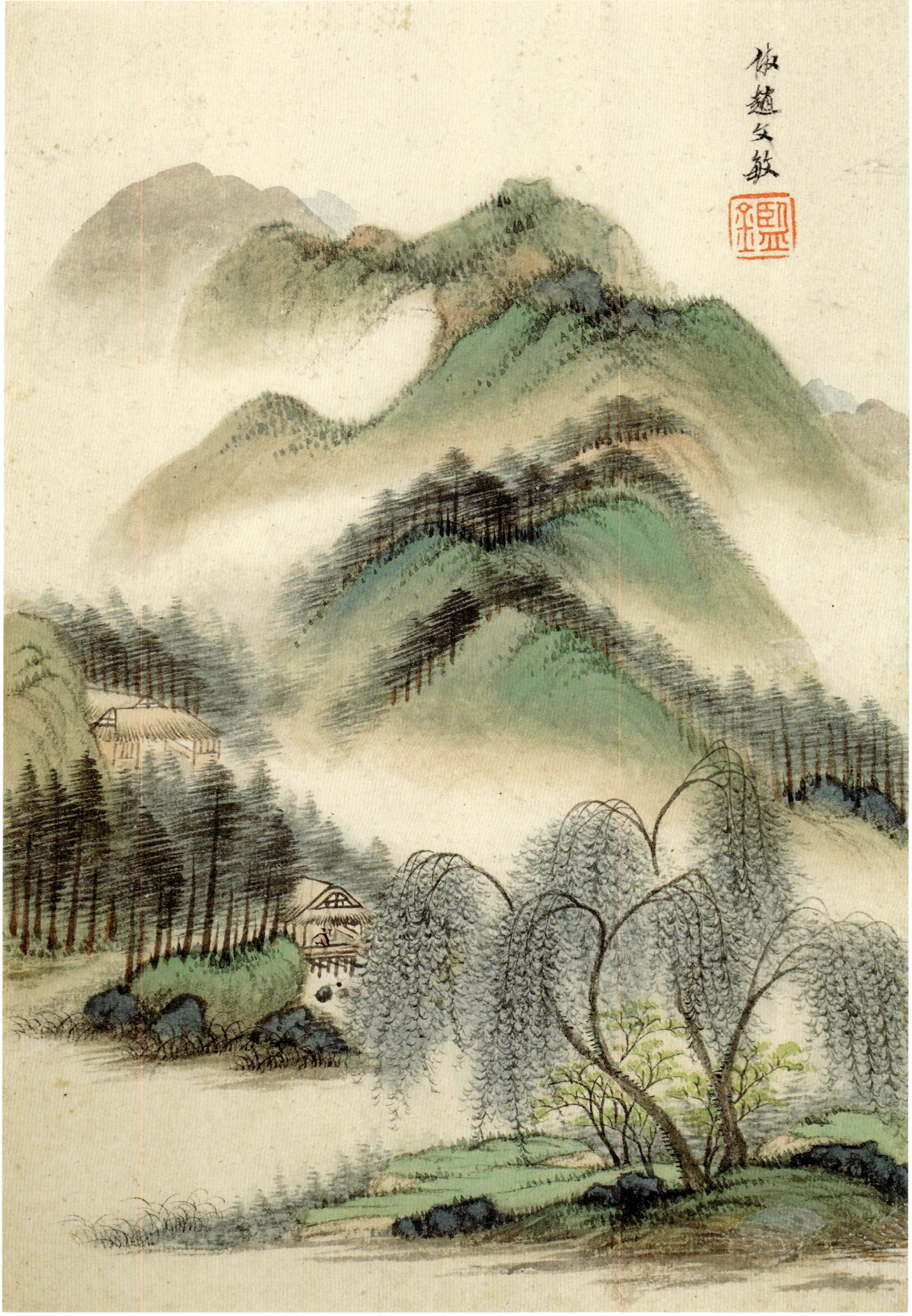
仿趙文敏

青蓝、青绿、赭石颜色的配比显示出从山根到山顶的层次和明暗对比

青蓝

青绿

赭石

❸

❷

❶

◀--- 山峦走势

3-3
王鉴　仿古青绿山水图册

清代
纸本，水墨、设色
纵 22 厘米，横 14.6 厘米
常熟博物馆藏

题款：仿赵文敏。

钤印：朱文方印"鉴"。

仿元代赵孟頫一开，青绿山水，描写江南水村春色，画面幽静宁静。柳树垂荫，远山清秀，山头用青绿色湿笔点染。近景的树木、屋舍等则精描细点，略加渲染。

第二单元　解构山水关系　　173

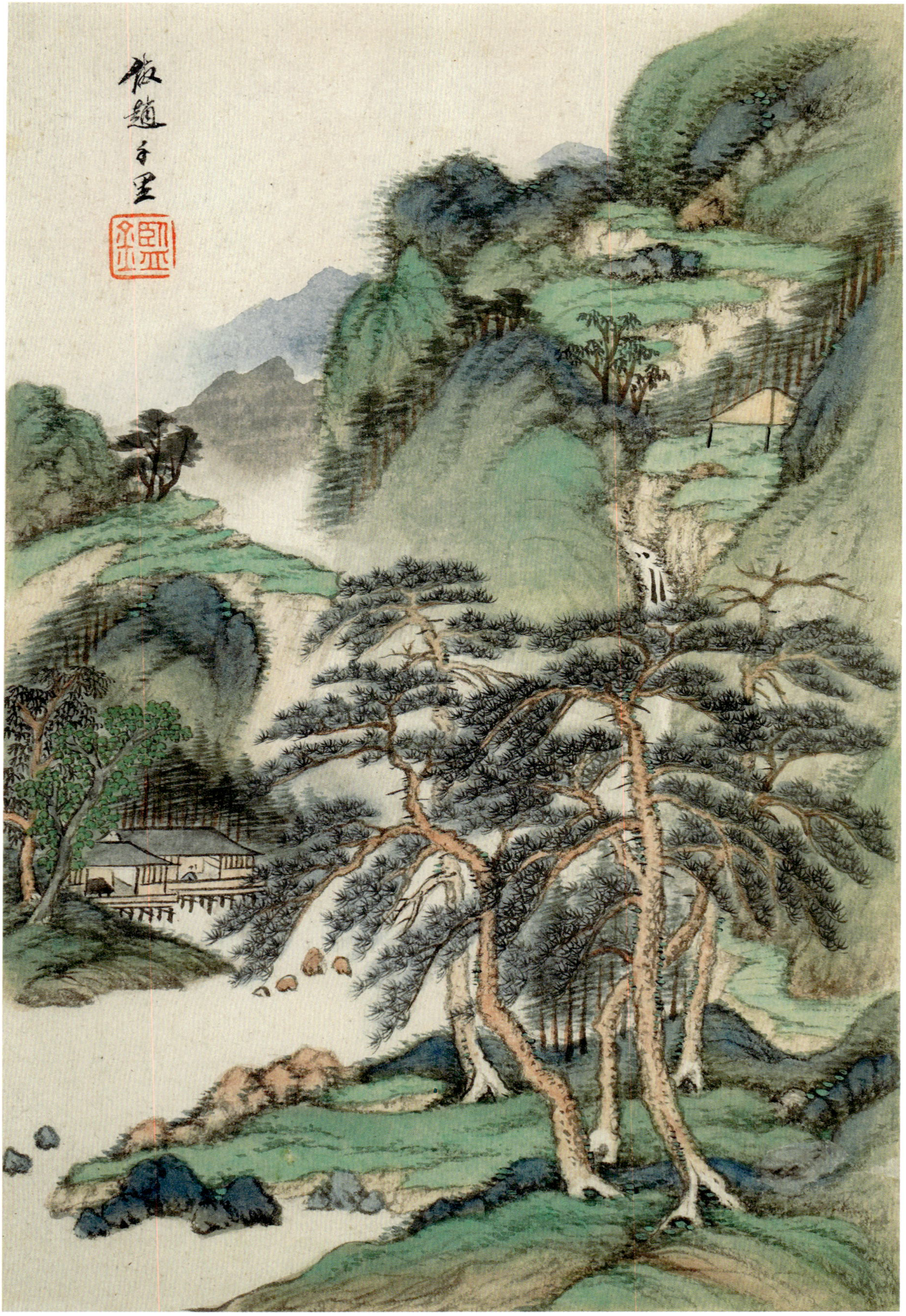
倣趙千里

水口

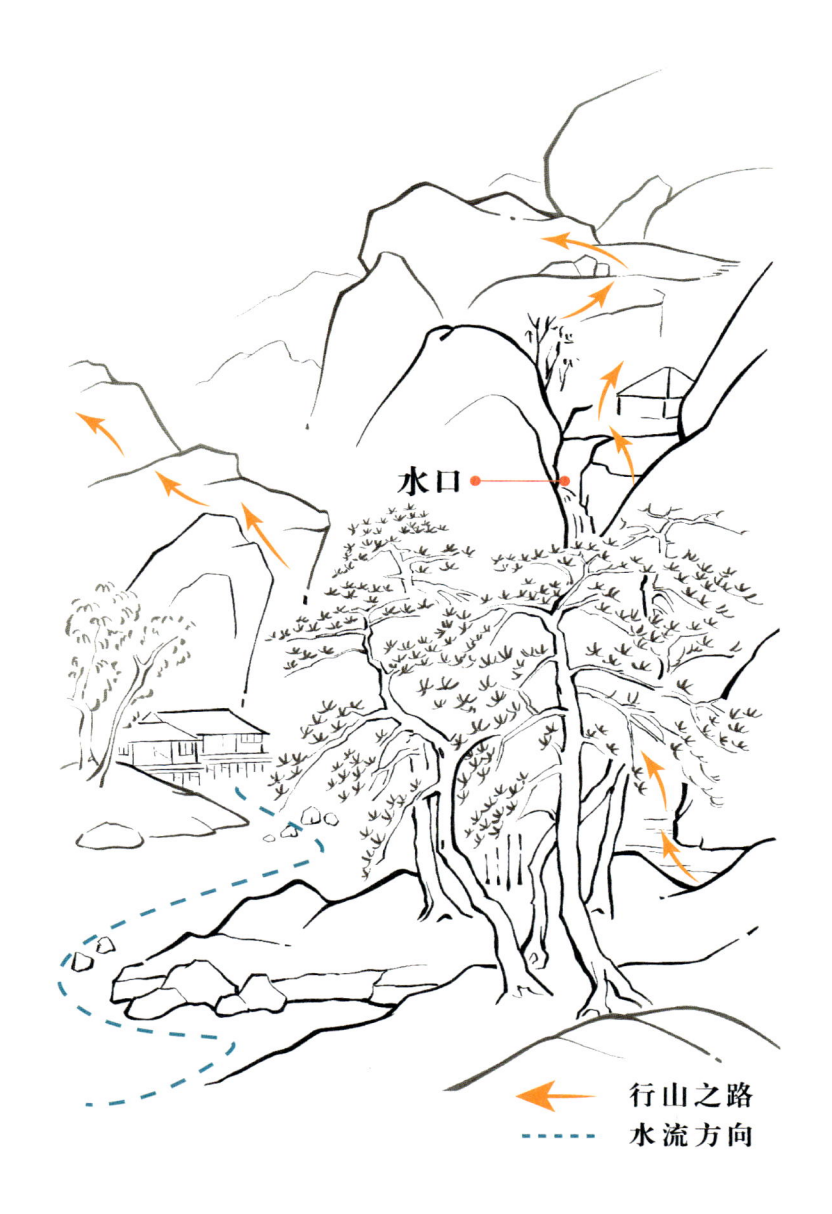

← 行山之路
--- 水流方向

3-4
王鉴　仿古青绿山水图册

清代
纸本，水墨、设色
纵 22 厘米，横 14.6 厘米
常熟博物馆藏

题款：仿赵千里。

钤印：朱文方印"鉴"。

仿宋代赵伯驹一开，前景坡岸上几株乔松挺立如盖，中景山峰高耸，山间溪流奔泻而下，山脚临水建有水榭，内有文士赏景读书。远山如黛，连绵起伏。青绿设色妍丽，画面清雅高逸。

第二单元　解构山水关系　　175

山水舟行远——江南的景观

1→3 三段式构图显示观景视角的由近及远，高远+平远式布局

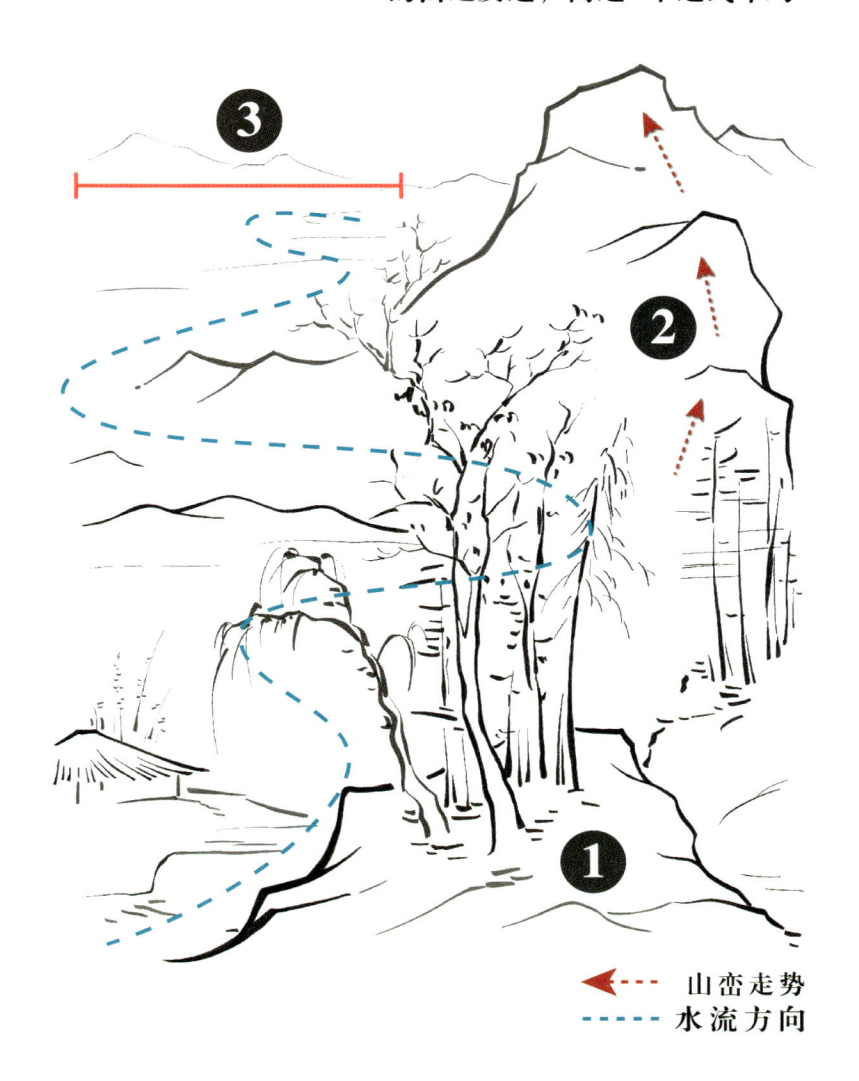

◀--- 山峦走势
--- 水流方向

3-5
王鉴　仿古青绿山水图册

清代
纸本，水墨、设色
纵 22 厘米，横 14.6 厘米
常熟博物馆藏

题款：仿倪高士。

钤印：朱文方印"鉴"。

此开仿元代倪瓒，采用平远构图，近处小丘杂树数株，高大挺拔，参差有致，画面左侧洲渚之上，茅亭丛篁与之呼应。中景山重水复，风光旖旎，远景山峦连绵起伏。

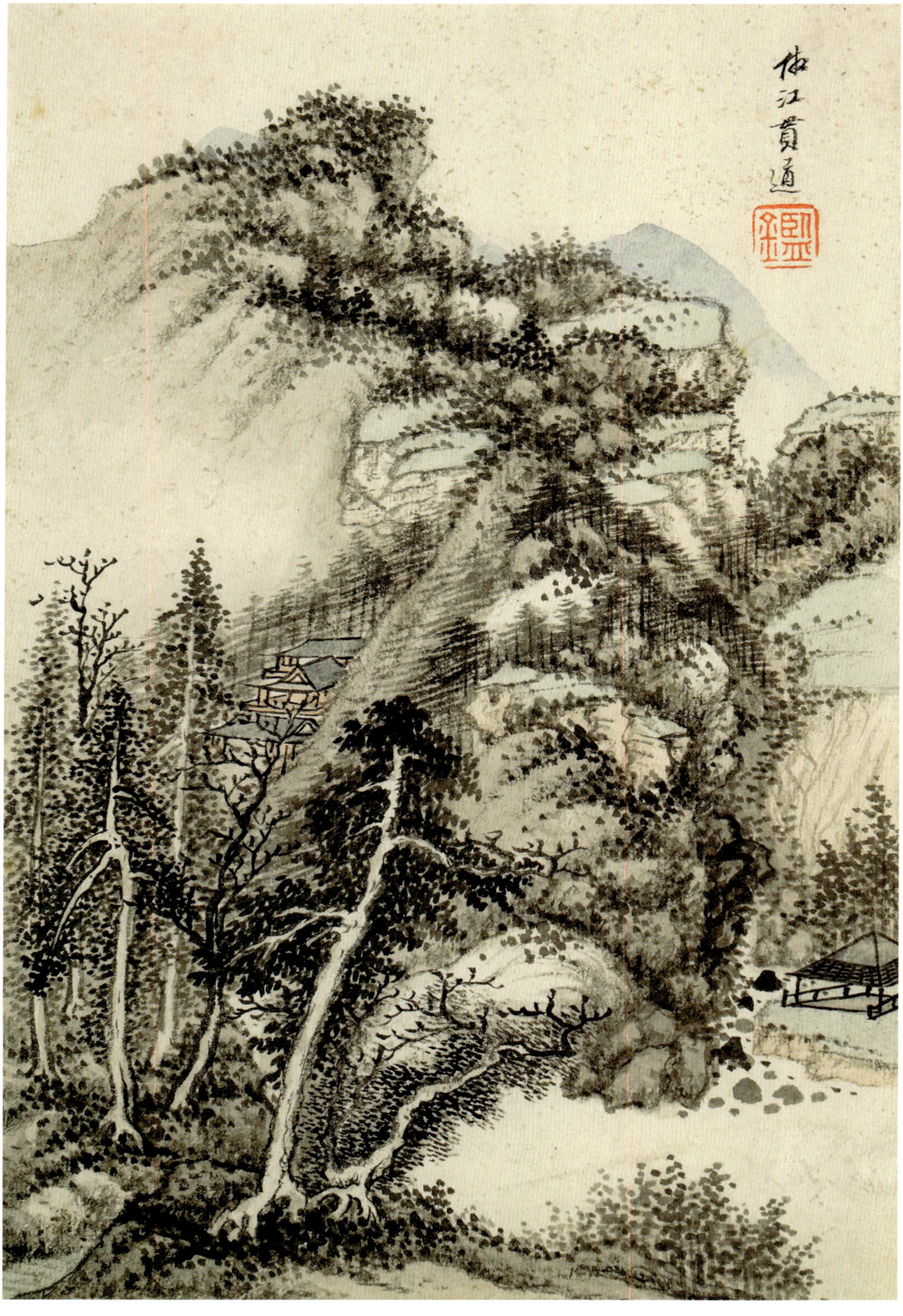
仿江貫道

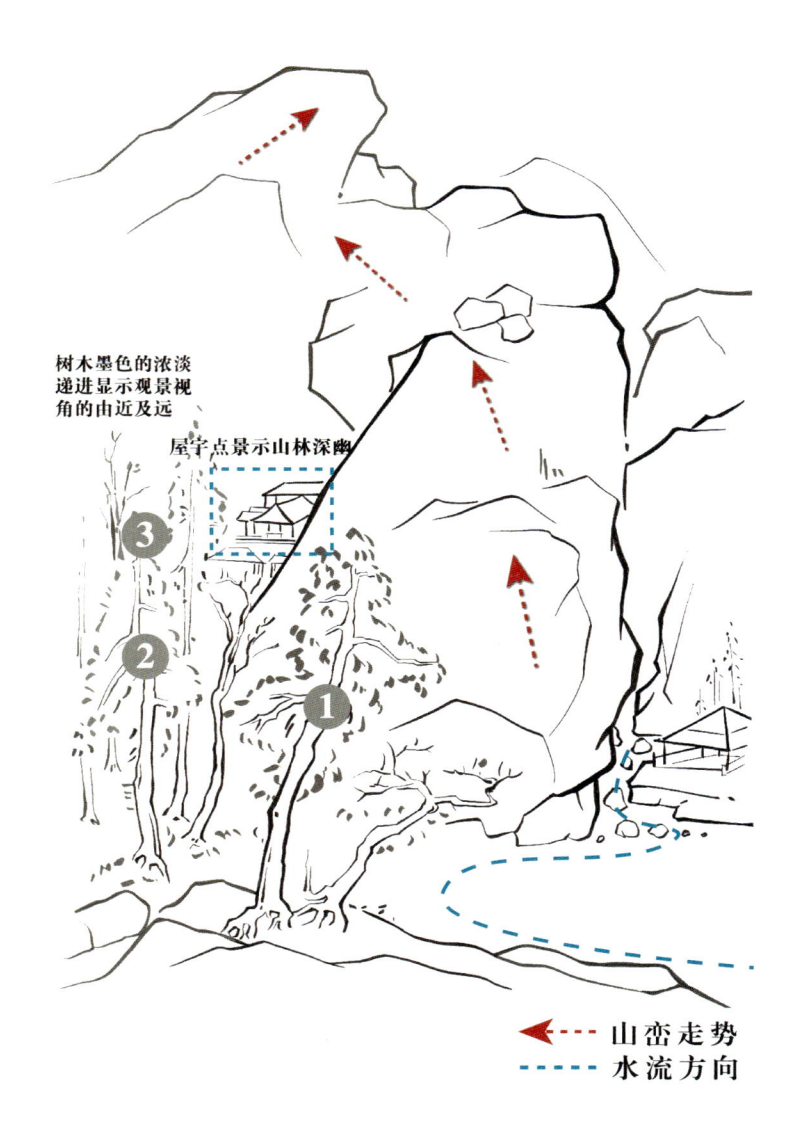

3-6
王鉴　仿古青绿山水图册

清代
纸本，水墨、设色
纵 22 厘米，横 14.6 厘米
常熟博物馆藏

题款：仿江贯道。

钤印：朱文方印"鉴"。

仿南宋江贯道一开，画面峰峦层叠，山头多点矾头，树木苍郁，景色清幽。山后屋舍俨然，与下角的草亭丛树遥相呼应。

此开有晚清书画家、鉴藏家吴云于光绪六年（1880）其70岁时题跋："此廉州太守中年摹古极为经意之作，画止六页，而宋元宗派已略具于此。骏叔亲家持以见示，留置案头，仿抚一过，觉其渲染浑融，皴擦劲秀，始知古人功候，洵有不可几及之处。因题数语，以志钦挹。愉庭吴云识。"

4
朱昂之　疏林远岫图扇页

清代
洒金笺，设色
纵 17.2 厘米，横 51.2 厘米
常熟博物馆藏

题款：倪高士《疏林远岫图》，昂之拟于萍绿山房。

钤印：朱文方印"昂之"。

朱昂之（1764—1840），字青立、津里，江苏武进（今属常州）人，侨居苏州。擅山水，间写花卉竹石，笔意劲峭，脱尽恒蹊。

此扇面采用一水两岸的平远式构图，近岸绘疏树与房舍，对岸青山山峦起伏隽秀，两岸之间用大面积留白表现出湖水的平静和广阔。

一水两岸式布局，
示山之平远

留白（水）占比 64%

第二单元　解构山水关系　　181

5
朱文清　仿黄公望山水图扇页

清代
金笺，设色
纵 18.5 厘米，横 52.5 厘米
常熟博物馆藏

题款：杖藜扶我溪桥过，林密山深访故人。拟大痴法，写应询芳吾兄大人雅属。文清。

钤印：朱文长方印"镜轩"。

朱文清，号景轩，活跃于同治、光绪年间，江苏无锡人。山水、花卉、人物，均能入妙。

此扇面左侧绘一平桥连通两岸，一高士扶杖缓步过桥，走向对岸洲渚上的屋舍，屋舍旁乔松挺立，树木葱茏，环境清幽。隔水可眺望远山峰峦高耸，山间云雾迷蒙，如入仙境。

高远+深远

舟楫点景示水

← 山峦走势
--- 视平线

第二单元 解构山水关系　　183

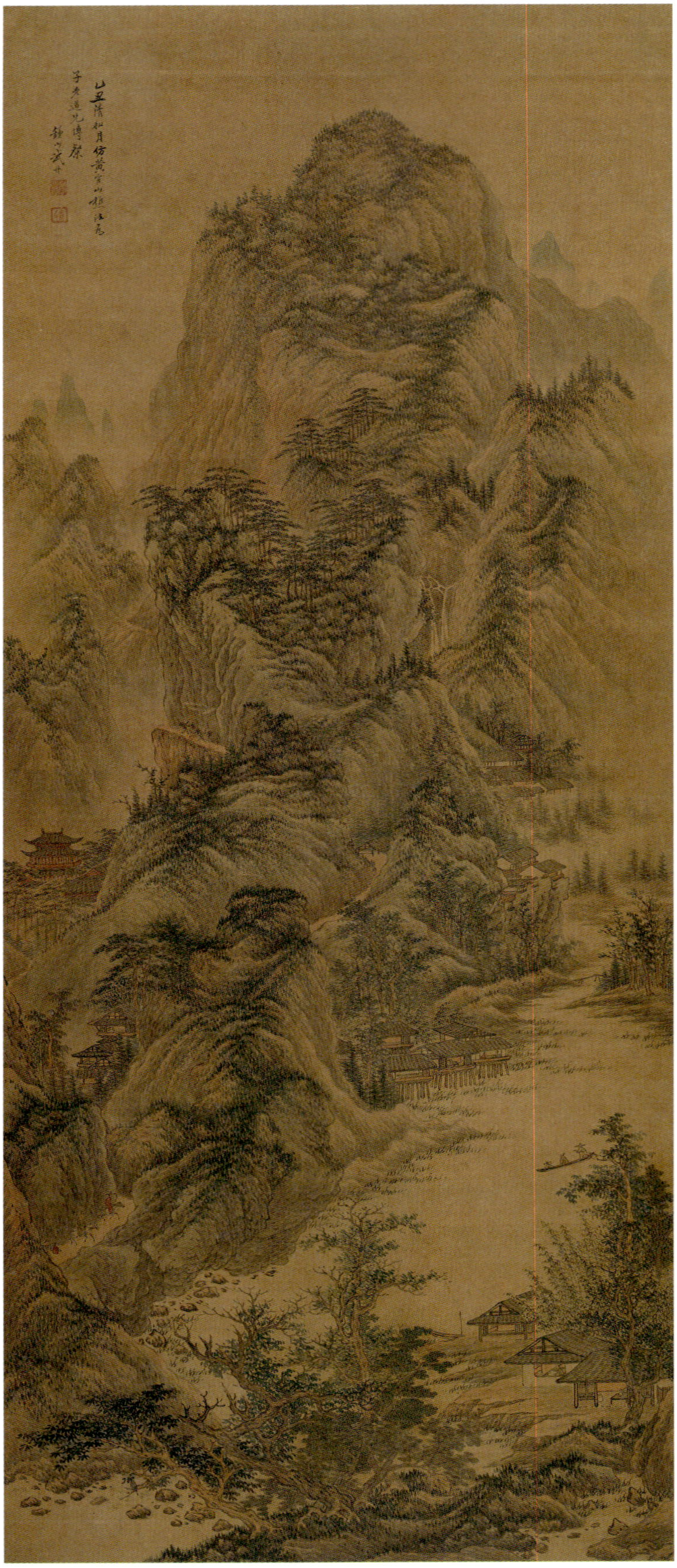

6

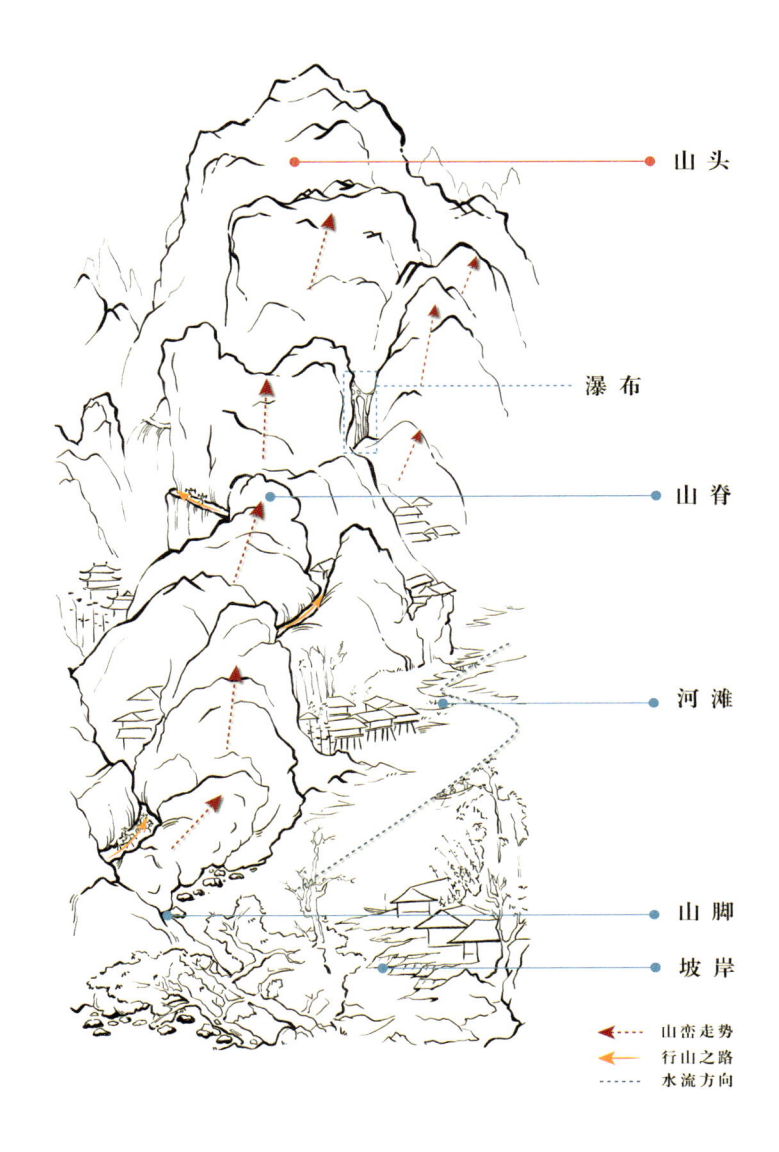

武丹　仿黄鹤山樵山水图轴

清代
绢本，设色
纵 132 厘米，横 54.5 厘米
常熟博物馆藏

题款：乙丑清和月，仿黄鹤山樵法，为子老道兄博粲。钟山武丹。

钤印：朱文方印"武丹之印"、朱文方印"衷白"。

武丹（？—1721），字衷白，号东山老人，江苏南京人。善山水、人物，山水清劲不苟。

此图为康熙二十四年（1685）作，仿"元四家"之一的吴镇，构图取法高远的全景式山水，用笔工细，清韵劲健。图绘高山峻岭的郁茂之景象，山峦叠嶂，飞瀑流泉，楼阁殿宇于山谷林壑间隐现，山道盘旋延伸，两名樵夫砍柴归来。画面中景水阁中文士围坐清谈，另两位文士泛舟湖上，近处的丛竹杂树掩映着屋舍，一位文人正捧卷阅读。其景繁而不乱，令人有望之所见、遐所不见之思。

山遠雲烟水浸堤碧梧脩竹蔭春日
長有客剝門訪樸翁從此到茅堂
己亥嘉平既望德延吳興華為
名玉法鑒 西亭楊晉

7

杨晋　仿赵吴兴山水轴

清代
绢本，设色
纵 133 厘米，横 66 厘米。
常熟博物馆藏

　　题款：山远云烟水漫塘，碧梧翠竹郁苍苍。日长有客闲相访，携得焦桐到草堂。己亥嘉平既望，抚赵吴兴笔，为□□先生法鉴。西亭杨晋。

　　钤印：白文方印"西亭"、半朱半白方印"杨晋之印"、朱文方印"子鹤"。

　　杨晋（1644—1728），字子和、子鹤，号西亭、鹤道人，江苏常熟人。师从王翚，曾随师王翚奉召入京参与绘制《康熙南巡图》长卷，为虞山画派代表人物之一。山水、花鸟、人物无所不能，工画村庄景物，擅画牛。

　　此图作于清康熙五十八年（1719），杨晋时年76岁。山水以高远法构图，仿元代赵孟𫖯笔意，笔墨沉郁苍秀。山势嵯峨，云山烟树，巨壑空茫，林木葱茏。山间高崖飞瀑，谷底曲径通幽，桥上绘一老者策杖而行，童子抱琴而随，溪边草亭内一人侧身闲坐。树木掩映，山斋数楹，屋中一士人席地而坐读书，院中二鹤闲庭信步。山石、坡岸用披麻皴表现，山头用青绿点染。

第二单元　解构山水关系　　187

8
鱼俊　浮岚暖翠图轴

清代
纸本，设色
纵 125 厘米，横 44.2 厘米
常熟博物馆藏

题款：浮岚暖翠，戏摹一峰老人笔。

钤印：白文方印"云津氏"，朱文方印"鱼俊印"。

鱼俊，字云津，江苏常熟人。山水得杨晋法。

画中重峦叠嶂，绿树含烟，渔浦迂回，屋宇隐然，画面远近层次分明。山势整体采用深远式构图，山间云气环绕，虚实相生。泉自山涧流下，汇入湖中，呈"S"形构图，衬出水的灵动之感。

水口

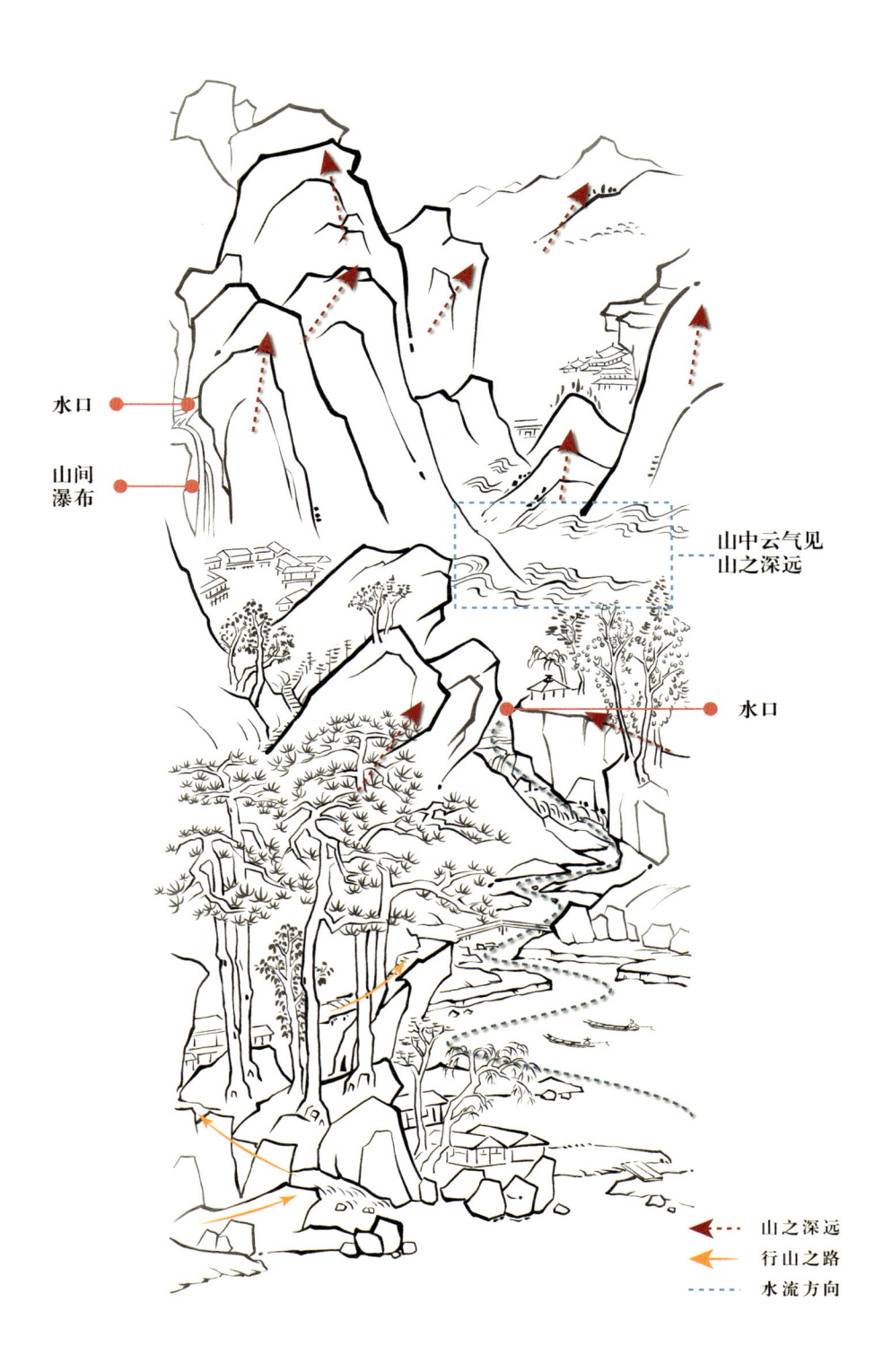

山间
瀑布

山中云气见
山之深远

水口

◤---- 山之深远
←--- 行山之路
----- 水流方向

第二单元　解构山水关系　189

松风謖謖静鳴琴 流水高山誰賞音
前路峥嶸须努力 相期保守岁寒心
辛丑白露節 仿唐子畏筆 顧鶴慶

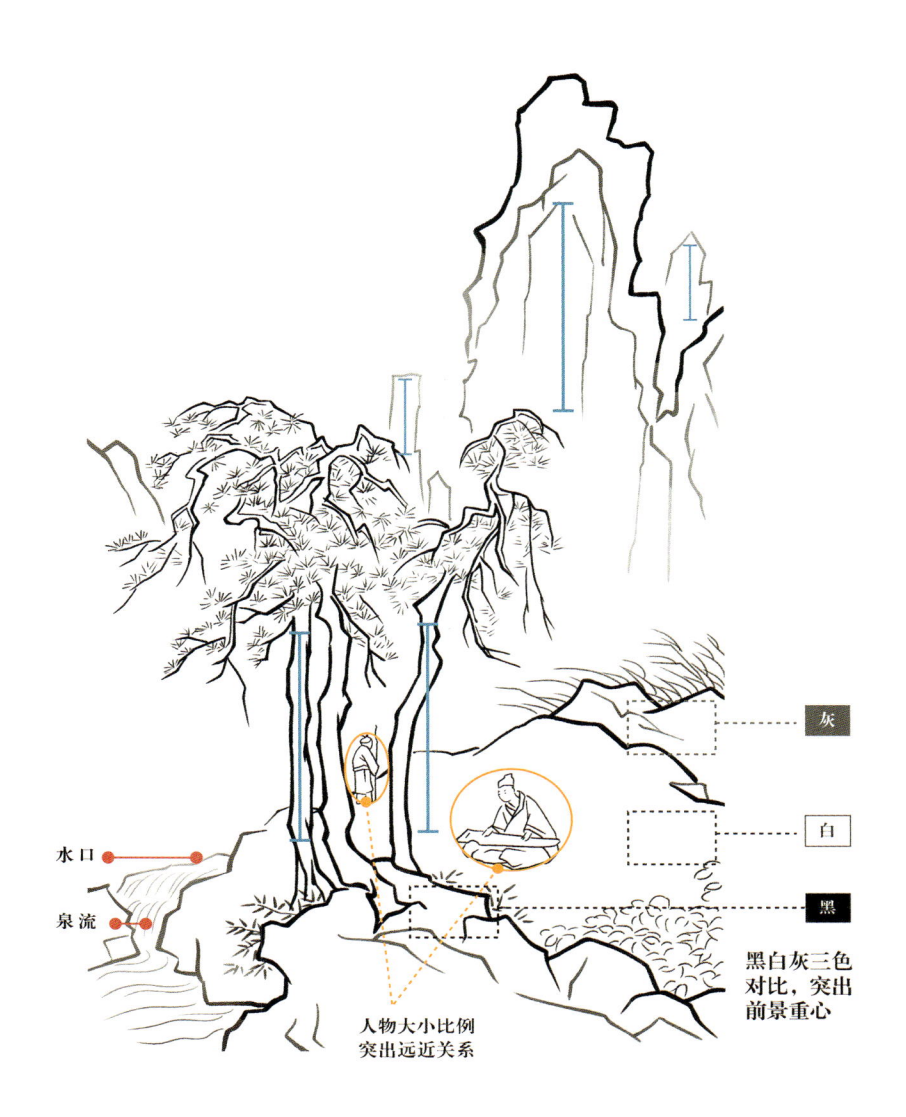

9
顾鹤庆　仿唐寅山水图轴

清代
纸本，设色
纵 68.6 厘米，横 34 厘米
常熟博物馆藏

题款：松风谡谡静鸣琴，流水高山谁赏音。前路嵯峨须努力，相期保守岁寒心。辛酉白露节，仿唐子畏本。顾鹤庆。

钤印：朱文方印"子余"。

顾鹤庆（1766—？），字子余，号弢庵、乳山逸叟，江苏镇江人。工诗书画，有三绝之称。长于山水，尤善画柳。

此画仿唐寅笔意，高士坐于近处兀崖之上，慢拨琴弦，书童立于不远处呈眺望之姿，琴音似随着流水声在山谷中飞扬。画中山石、树木采用"I"形构图，衬出山景的挺拔，与人物的闲适、流水的清幽形成对比。

10

王学浩　山水轴

清代
纸本，墨笔
纵 124.2 厘米，横 43.9 厘米
常熟博物馆藏

题款：大痴画以荒率苍古为宗，近来惟石师道人得其神髓。时俗所宗，姑置勿论。庚申冬日，余客婺州官斋，无事，偶仿大痴笔，因论之如此。椒畦王学浩。

钤印：白文方印"王学浩印"、白文方印"孟养"。

王学浩（1754—1832），字孟养，号椒畦，江苏昆山人。山水得王原祁真传，结体精妙，笔力苍古，亦善书法。

此图山势采用"C"形构图，与曲折的溪水相交汇。天空、水域以大面积留白来呈现，使得实景和虚景呈对角线分布，布局巧妙。图中以墨笔绘出山石、树木、村舍等，清新明快，颇具黄公望山水荒率苍古的韵味。

山水景致的虚与
实呈对角分布

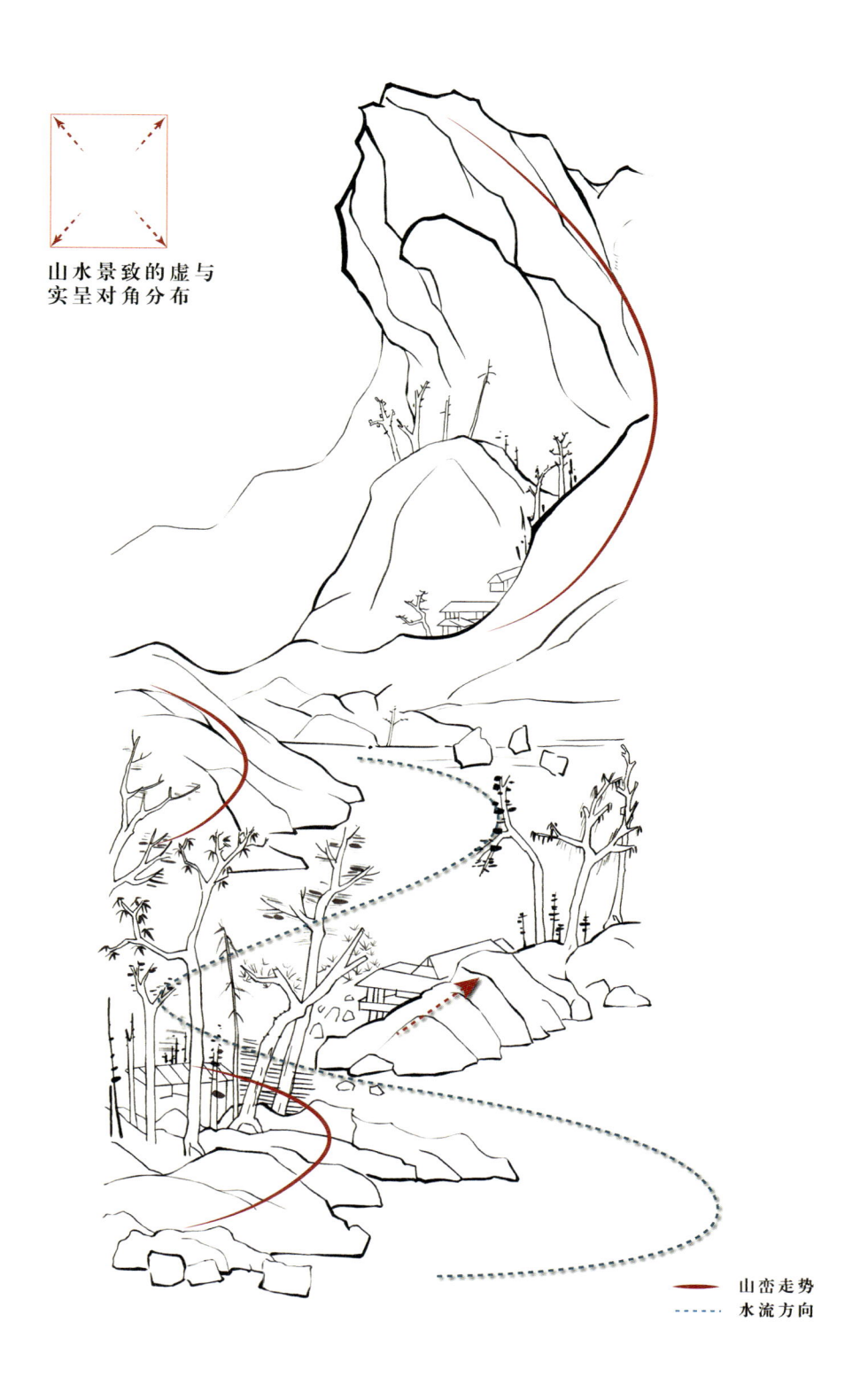

—— 山峦走势
----- 水流方向

第二单元　解构山水关系

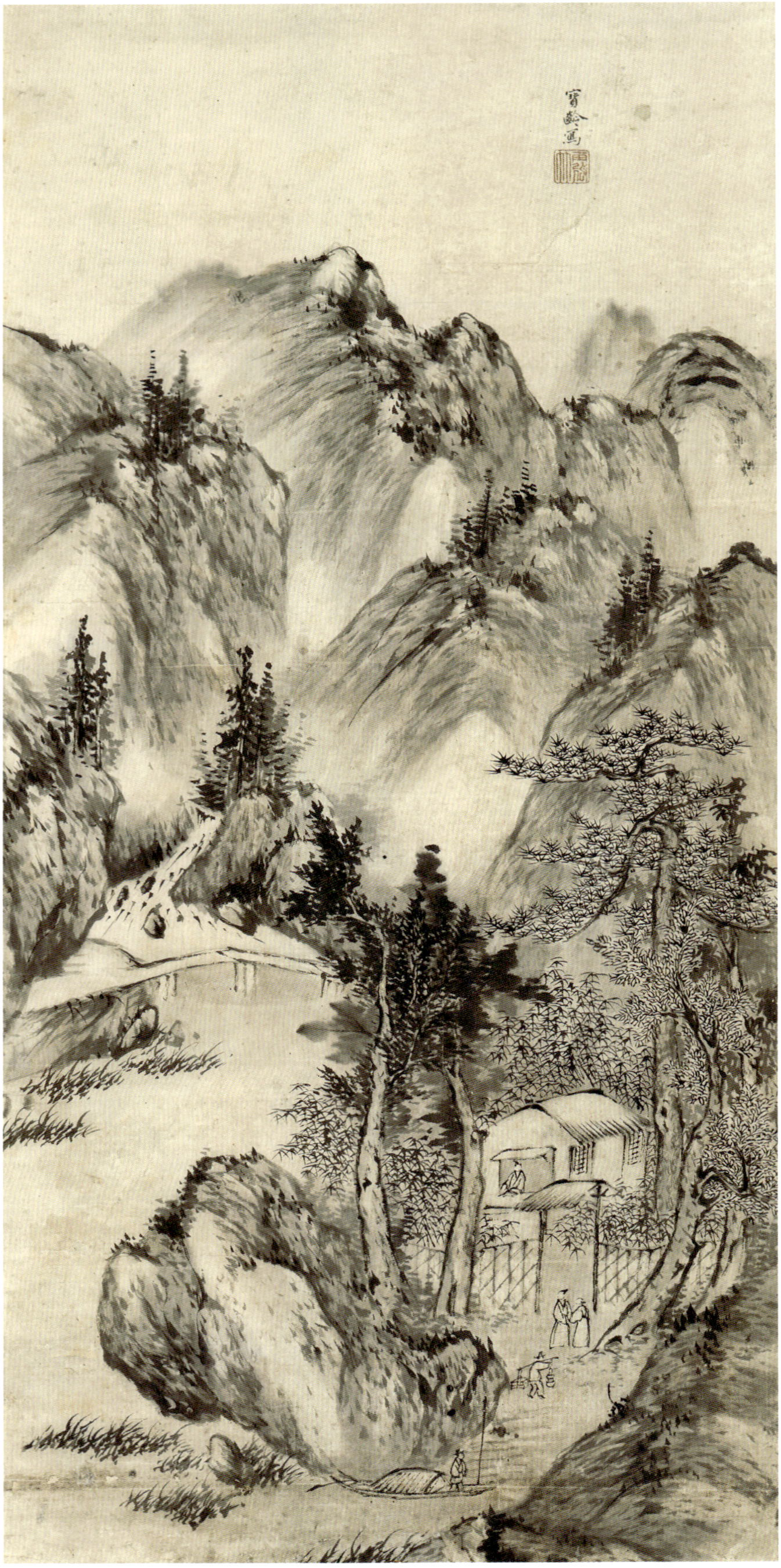

11

蒋宝龄　山水图轴

清代
纸本，墨笔
纵 87.5 厘米，横 41.5 厘米
常熟博物馆藏

题款：宝龄写。

钤印：朱文方印"霞竹"。

蒋宝龄（1781—1840），字子延、霞竹、号琴东逸史，江苏常熟人。工诗，善画。后寓居上海，鬻画为生。

此图山势采用"C"形构图，凸显出山体的厚重和挺拔。山脚溪流之上横卧一桥，连接了山中小径与近处的村居。画面近处小舟停泊岸边，丛树和篱笆环绕着一座茅屋，绘有 5 个点景人物，勾画出乘舟往山中访友的场景：一人站立船头，似为船夫；院子门前有两人正在交谈，一仆从挑着担子跟随；茅屋之内，一人倚窗向外眺望。

12
翁同龢　山水图卷

清
纸本，墨笔
纵 15 厘米，横 87.5 厘米
常熟博物馆藏

题款：十月江南野色分，鱼庄荻浦见沙痕。若为剪取吴淞水，着我微茫笠泽云。董公题画诗。松禅。

钤印：白文方印"翁同龢印"。

翁同龢 (1830—1904)，字声甫，号叔平，自署松禅，晚号瓶生，江苏常熟人。咸丰六年（1856）状元，官至协办大学士、户部尚书，兼总理各国事务衙门大臣，同治、光绪两朝帝师。戊戌政变罢职归里，卒后追谥文恭。为近代史上有较大影响的政治家，亦以诗词、书法著称于世，精于鉴赏，偶亦作画。

此画依照董其昌题画诗意所作，以水墨绘吴淞江畔之景，线条苍劲，逸笔草草。坡岸、村舍、屋宇、山岩等错落有致，树木挺拔多姿，画面上方大面积留白展现了吴淞江水的广阔。

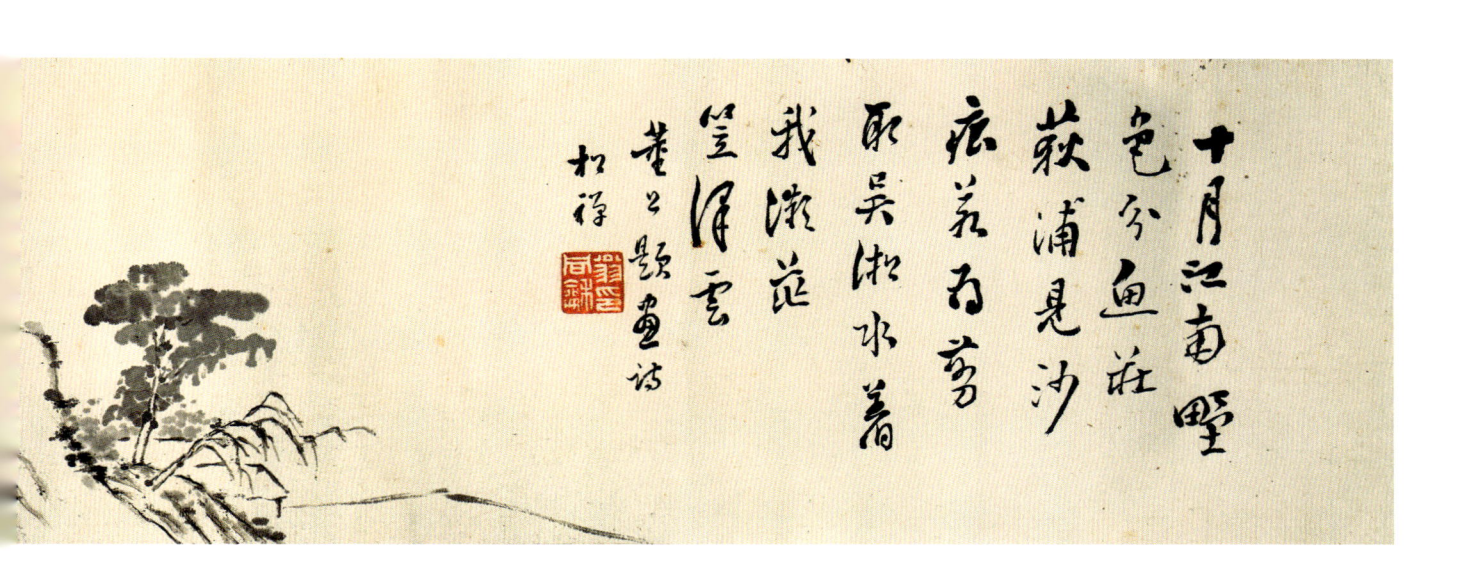

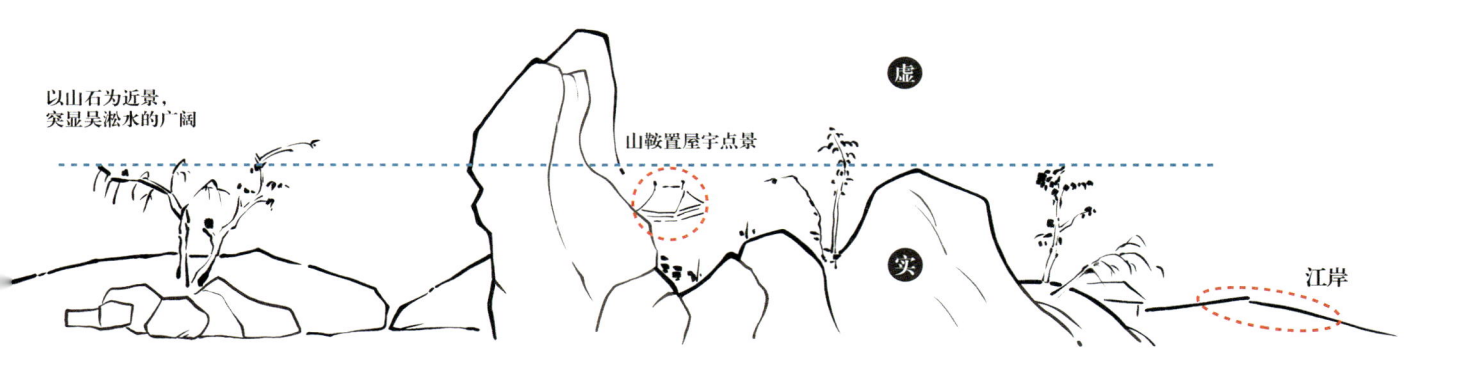

十月江南野色分，鱼庄荻浦见沙痕。芦为苇取吴淞水，着我渔蓑笠停云。

董乞题画诗

松祥

以山石为近景，突显吴淞水的广阔

虚

山鞍置屋宇点景

实

江岸

第二单元　解构山水关系

13

"山居"古琴

明
通长 119.5 厘米，隐间 111.7 厘米，额宽 18.9 厘米，肩宽 21.2 厘米，尾宽 14.2 厘米，厚 5 厘米
常熟博物馆藏

仲尼式，琴背阴刻"山居"二字行书款及"不事王侯"方印。

14

乾隆御题"碧峰馆"诗青玉山子

清
通高20厘米，宽29厘米，厚7厘米
常熟博物馆藏

　　玉山子作为一种特殊的陈设用玉雕，始于宋代，盛行于清乾隆年间，其内容多以山水人物、历史故事为题材。此件山子以整块和田青玉雕成，两面皆有雕刻。正面主题为携琴访友，在山间道上一童子在前探路，有持杖老者与抱琴童子相随于后，半山腰两位高士对谈，旁有二层楼阁耸立。上端正中平面阴刻乾隆帝《御题碧峰馆》七绝诗一首："芸馆崔嵬倚碧峰，分明树背玉芙蓉。只疑阿那云深处，应有佺乔炼药踪。"该诗收录在《钦定四库全书·御制诗三集》卷五十二。

　　背面带皮雕，表现的是一片桃源仙境，山崖险峻，祥云缭绕，山泉流淌，松树、灵芝错落生长，巧妙布局二鹿、二鹤，动静得宜：雌鹿回首与山岩之后的雄鹿对视，雄鹿一蹄抬起，似要奋蹄飞奔而去；二鹤也呈相望之势，一鹤立于山石，一鹤则展翅飞来。

15
薄意雕山水纹建石随形印

清
通长 16 厘米，通宽 6.2 厘米，厚 17 厘米
常熟博物馆藏

建石质地，此印随形而巧雕，印身雕刻借鉴山水画的构图，浅浮雕流水潺潺、垂柳依依、小舟自横，表现了摆脱世俗纷扰的悠然静谧之境。印面篆刻阴文"卧案"二字。

16
青花山水盘

清代
高 6.3 厘米，直径 39.8 厘米
吴文化博物馆藏

　　此盘绘青花山水图案。青花画面构图舒朗，色泽明净艳丽，浓淡有致，层次分明，笔法纤细有力，人物姿态各异，山势高耸挺拔，屋宇掩映其间，构筑出一幅形象生动的山水城林景观。

第三单元 塑造山水城市

古代山水审美与塑造现代山水城市之间拥有共同的内核，即山水精神。山水城市的理念，正是将中国的山水诗、山水画、山水园林的美学相融，以致城得山水而灵，构建出一种理想栖境。山水城市呈现的是中国传统文化中，人们寄托在自然山水中的情感和对山水文化的追求，是当代人与自然联系的重要纽带。塑造山水城市，正是让城市从形态、生态、情感上回归山水之美，探索出"不出城郭而得山水之趣"的人居模式。

依山傍水的景观资源和多样化的文化遗产是江南地区拥有的客观优势。贯穿于江南文化中的山水精神更是塑造山水城市时，江南人自发的情感追求。水网连接着城林，市镇之内水街相依，居民临水而居，水与城环环相扣。通过一览各类图式中描绘的古代城市风貌，探访留存至今的古镇村落，为今后打造出独具特色的江南山水城市提供样例。

（一）水网

　　江南素号"水乡泽国",东临大海、南抵钱塘江,西自茅山、北连长江,流域内部天然河网湖泊纵横连绵,联系着广阔的腹地。水系是城市发展的命脉,繁密的水网是构建江南山水城市得天独厚的自然基础。

古地图（江宁府、镇江府、长荡湖、洮湖一带）

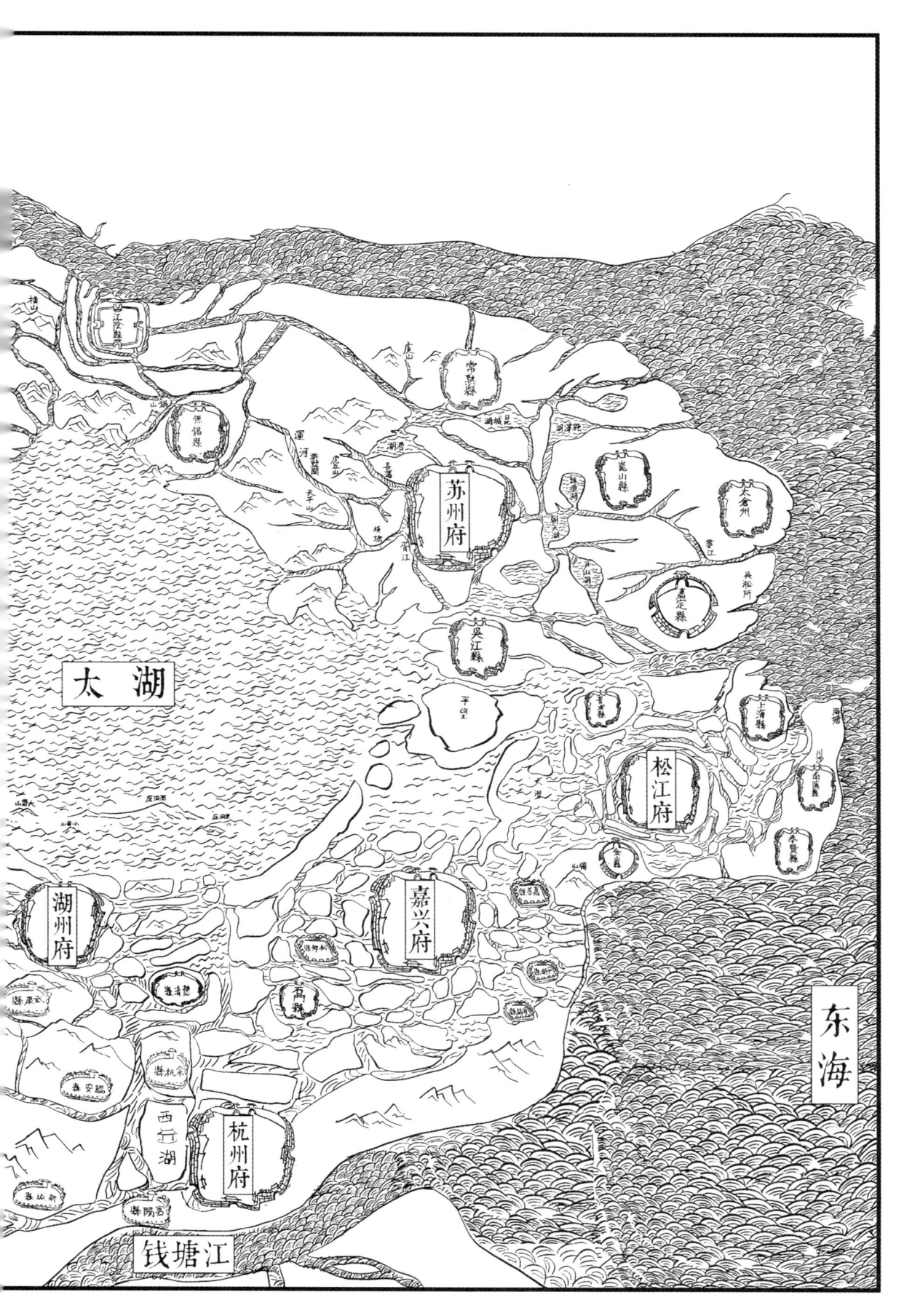

1 江南八府水网示意图（手绘）

山水舟行远——江南的景观

2
平江图

拓本
纵 284 厘米，横 143.5 厘米
苏州碑刻博物馆藏

  苏州城位于长江下游南岸，东通吴淞江，南临太湖，八门皆通水陆，地广人繁。从南宋绍定二年（1229 年）《平江图》可以看出南宋时期苏州古城的水道布局。城以"六纵十四横"骨干河道为内河网络。河道不仅具有交通功能，更是构成城市外部空间的重要元素，成为组织城市空间的轴线，建筑群体的布局便以这种双棋盘的骨架和轴线渐次展开。

  此外，从《平江图》亦可以看出苏州城内大型园林的基址分布，城西南隅有南园，城西北隅有桃花坞，城东南隅有沧浪亭、东墅（明清东庄），城西北隅有"任晦园"和"陆龟蒙宅园"（今拙政园附近）。

  《平江图》向我们直观再现了南宋时期苏州古城内河网与城居的紧密关系。

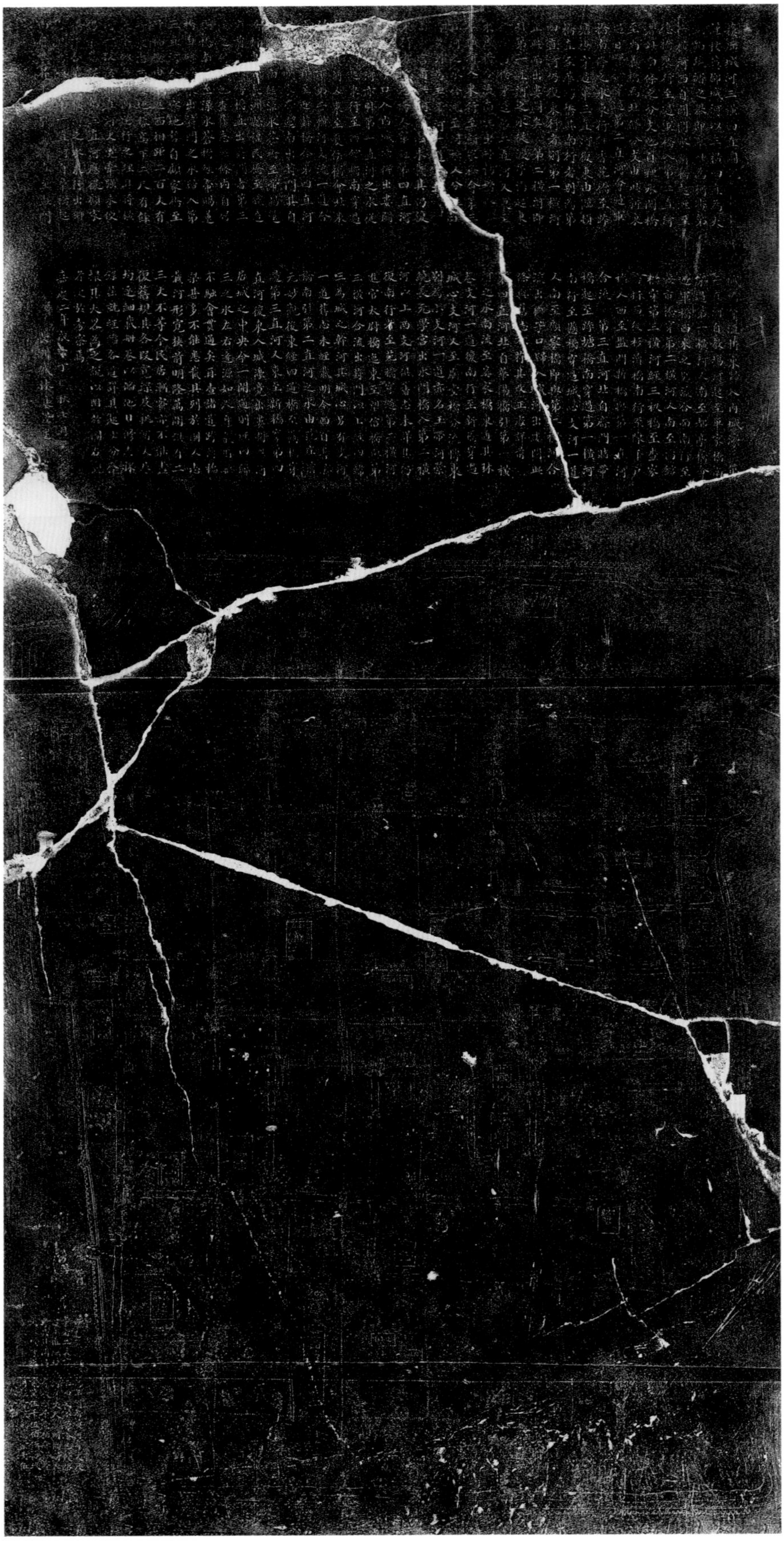

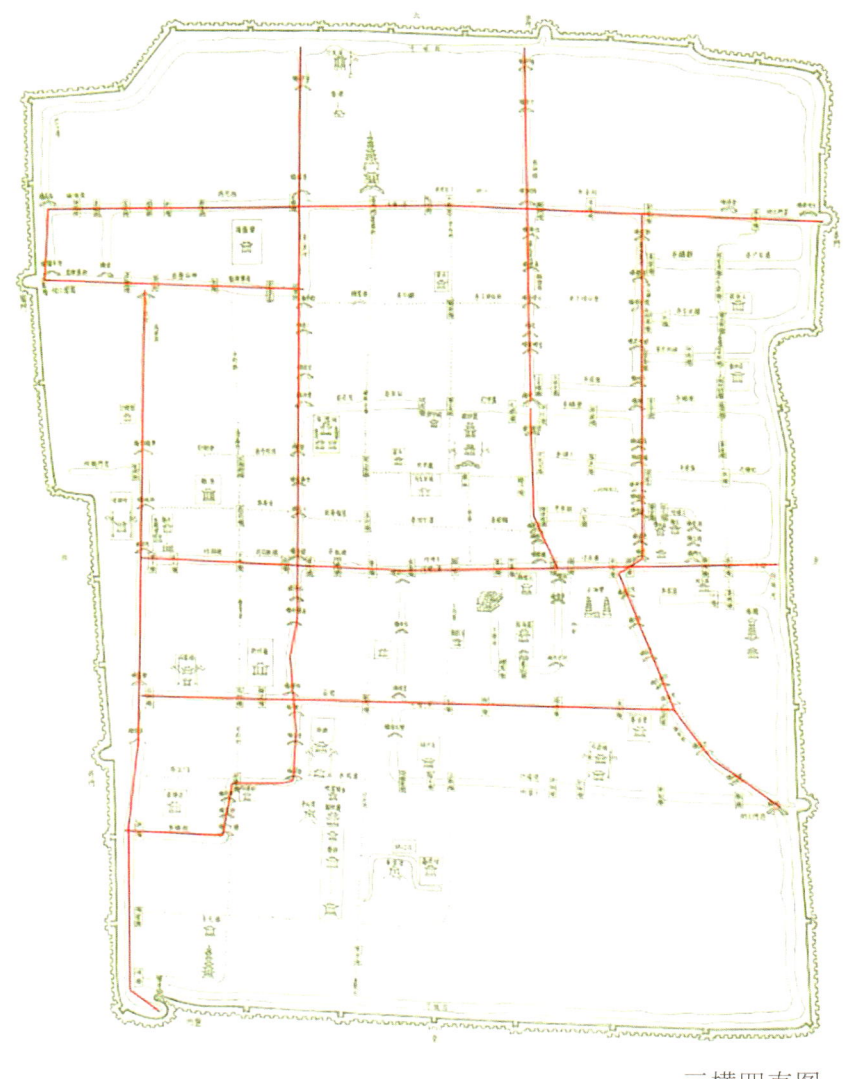

三横四直图

3
苏郡城河三横四直图碑

拓本
纵 165 厘米，横 79.5 厘米
苏州碑刻博物馆藏

苏郡城河三横四直图碑镌于清嘉庆二年（1797年），碑上刻有当时苏州城内以三横四直——七条贯穿全城的干流为主的河道分布体系，比较准确地反映了苏州河道纵横、桥梁密布的水城风貌。

苏州府城内外环濠，是典型的河网城市布局。城内道路经纬分明，前街后河的街坊规划使得城内各处都享水陆皆达的便利，形成水陆并联的交通体系。

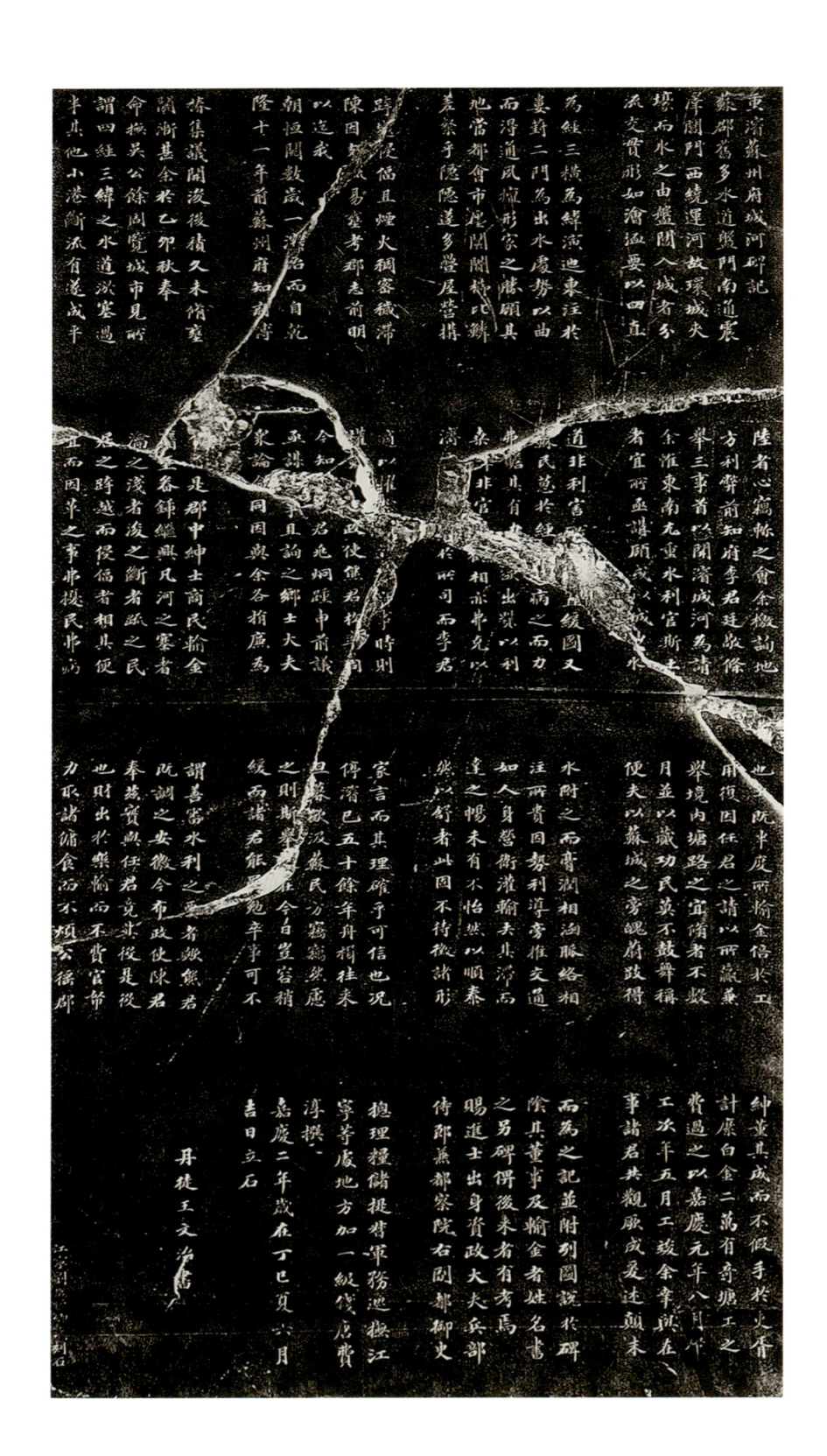

4

重濬苏州府城河碑记

拓本
纵144厘米，横69厘米
苏州碑刻博物馆藏

　　此碑为三横四直图碑的碑阳，碑身高1.6米，宽0.8米，清嘉庆二年（1770年）立。碑中记载了吴中官府出资，地方士绅、商人和市民共同募捐筹款，全面疏浚苏州城内河道始末。费淳撰文，王文治书丹，刘恒卿刻石。碑的背面镌刻《苏郡城河三横四直图》，显示"三横四直"的河道分布体系。

（二）城林

　　四通八达的水网发展出网状城市群，形成"水城—水镇—水村"的格局。城市之间水网相连，市镇之间水路相通；城市内部亦由水系支撑起空间骨架，组织着城市的有序运转。城得水而活，悠悠航船将江南广阔的腹地自然地连为一体。

錦峯遊舫	藕渠魚樂
北郭採菱	西城樓閣
福巷觀潮	湖田煙雨

1
吴穀祥　虞山十八景图册（部分）

清
绢本，设色
纵 27.2 厘米，横 28 厘米。
常熟博物馆藏

　　吴穀祥（1848—1903），字秋农，号秋圃，浙江嘉兴人。工山水，喜作青绿设色，苍秀沉郁，气韵生动，亦擅人物、花卉。曾客居常熟，后游京师，声誉鹊起。

　　此册作于 1881 年，吴穀祥时年 34 岁。共 18 开，绘"虞山十八景"，笔墨清逸，设色妍丽。此次展出 6 开，分别为湖田烟雨、西城楼阁、福港观潮、藕渠鱼乐、锦峰游舫、北郭采菱。"虞山十八景"正式得名大约在清光绪年间（1875—1908），因岁月变迁，部分景观已湮没无存。

红豆邨莊
甲申夏仲红豆
花盛開
子雝賢姪邀余往
觀并
屬畫圖因率意
以應即請
蔭堂老弟正
寄雲廬

2
瞿麐　红豆图册

清
纸本，设色
纵 30.4 厘米，横 41.2 厘米
瞿凤起先生捐赠
常熟博物馆藏

　　题款：红豆村庄。甲申夏仲，红豆花盛开，子雍贤侄邀余往观并属画图，因率意以应，即请荫堂老弟正。寄云麐。

　　钤印：朱文方印"草草""翠岩""寄云时年七十有六"。

　　瞿麐，字翠岩，号寄云，江苏常熟人。善山水，初从姜渔学，后专临王翚，学力并深，勾勒渲染，能得其神髓。

　　此册共十一开，第一、二开为清乾隆五十五年（1790）状元石韫玉隶书"春生南国"四字，之后分别为瞿麐《红豆村庄图》、杨旭《折枝红豆花图》、毕琛《柳如是儒服像》，以及孙原湘、黄丕烈、孙月舫、彭希郑、张吉安、言朝标、蒋因培等人的题跋，最后一开张继良、瞿凤起的题跋是后配入册的，叙述收藏此图册的渊源。

　　明嘉靖年间（1522—1566），常熟人顾耿光自海南移来一株红豆树，植于白茆顾氏庄园内。此庄后转归钱谦益所有，钱 73 岁时对红豆庄加以葺筑，清顺治十三年（1656）偕柳如是迁居于此，至 80 岁时复移入城中居住，居红豆庄前后共八年之久。因钱氏在文坛声望煊赫，交游众多，红豆庄"一时胜流翕集，舟车填咽，榜其门曰：岂有文章惊海内，漫劳车马驻江干"。钱、柳去世后，红豆庄仍归顾氏，后逐渐荒废。

　　清道光四年（1824），红豆庄的红豆树盛开，古里铁琴铜剑楼主人瞿绍基（号荫堂）、瞿镛（字子雍）父子邀一众好友至红豆山庄观花、雅集，并请瞿麐作《红豆村庄图》以纪事。图中近景为水田一片，路旁有小庙一座。红豆庄前溪水环绕，三孔平桥通向村庄，庄中房屋错落，屋后的红豆树高大挺拔，枝繁叶茂。村边树木葱茏，庄后垂柳依依，远处虞山隐约可见，江南田园景色跃然纸上。探访观花者络绎不绝，三五成群，向庄内缓步而行，相谈甚欢。

第三单元　塑造山水城市

3
程烈　虞山西门图扇页

清代
金笺，设色
纵19厘米，横53.5厘米
常熟博物馆藏

题款：虞山西门图。甲戌夏日写，奉学如大兄大人雅属。寂闲生程烈。

钤印：白文长方印"烟波钓徒"。

程烈（同治、光绪年间人），字伟昭，安徽桐城人。善山水。

此扇页绘虞山及常熟城西门一带景象，城山相依，山环水绕，足见常熟城与山水环境的紧密联系。

4

青花山水双耳花瓶

清代
高 38.5 厘米
吴文化博物馆藏

    此瓶盘口，束颈，折肩，鼓腹，矮圈足，平底。通体纹饰以青花绘成，颈部置对称的螭耳。器身上绘山水城林交映景观，富有园居生活之趣。

5
青花山水人物花瓶

清代
高 40 厘米
吴文化博物馆藏

此瓶喇叭形口，束颈，折肩，鼓腹，平底。瓶通体绘青花山水人物图案，展现了江南水乡的山居、渔乐生活场景，人物姿态各异，形象生动。

6
青花瓷花墩

清代
高 52.5 厘米
吴文化博物馆藏

　　花墩，又名凉凳，是明清时期比较流行的日常生活用具，多置于厅堂院落，既实用又美观。除了在炎炎夏日起到消暑作用之外，花墩亦逐渐成为园居生活中不可或缺的装饰艺术品。

（三）栖境

　　江南的市镇民居大多依水而建，水街相依。古镇古村傍山面湖，水路与陆路交织，衔接着人们的生活和交通。沿河的街巷，临水的建筑，河上的小桥，往来的船只，构筑着江南民居素净淡雅的诗意环境，塑造了水乡生活独有的烟火气息。江南水乡与自然紧密相依的生活模式为山水城市的塑造提供了巧思。

1
鱼俊　逸兴山房雅集图卷

清
纸本，设色
纵28.6厘米，横62厘米
常熟博物馆藏

　　题款：乾隆丁卯重九，家虞岩招同柳南、勿药两王君暨约畔研亭，商延诸子观枫西郊，宴集于李君逸兴轩中，斯时觥筹错落，以思欵流。勿药首倡，诸公倚韵继和，殆不减桃李园之流风，良为胜赏。余惜以他故未与为怅。次日，兄命写图纪事，欣然捉笔，工拙非所计也。轩为曩时邵髯浮岚暖翠山房，林泉滋秀，诗老迭兴。追溯当年，想同今日，青门幽邀，谅必掀髯于怪石鸳松之外。云津弟俊写并识。

　　钤印：白文长方印"万钧"、半朱半白方印"鱼俊之印"、朱文方印"云津"、朱文方印"生涯一片青山"。

　　鱼俊，字云津，明代清官鱼侃十世孙，鱼翼之子，鱼元傅（字虞岩）之弟，江苏常熟人。工画，山水得杨晋法。

　　此图卷所绘场景为乾隆丁卯年（1747）重阳时节雅集之事，鱼翼之子鱼元傅（字虞岩）邀集王应奎（号柳南）、王继良（号勿药）等人，赏枫于常熟西郊外"吾谷枫林"，又于李君逸兴轩中宴集，赋诗唱和。画家鱼俊应其兄、藏书家鱼元傅之请，绘图纪此雅事。逸兴轩原为诗人邵陵宅，旧名浮岚暖翠山房。1944年，鱼氏后人鱼瑞舟将此卷重新装裱，并请乡贤萧退庵、翁永孙、杨无恙、王庆芝、瞿熙邦、朱剑芒等题跋。

2
吴大澂　静谿图横披

清
纸本，设色
纵34.3厘米，横70.2厘米
常熟博物馆藏

题款：静谿图。光绪戊寅二月，买棹偕徐君子晋游虞山，至尚湖访杨咏春观察、曾伯伟孝廉，作十日之游。适赵惠甫司马新构静圃落成，林木幽秀，楼观参差，承惠翁置酒招饮，尽欢数日。归后写此以志，良辰美景，藉留鸿迹，不足云酬报主人之雅意也。吴大澂写并记。

钤印：朱文长方印"愙斋"。

吴大澂（1835—1902），初名大淳，字止敬、清卿，号恒轩，晚号愙斋，江苏苏州人。同治七年（1868）进士，官至湖南巡抚。精鉴别，喜收藏。书法以篆书负盛名，善画山水、花卉，用笔秀逸。

据画跋可知此图的创作缘故：清光绪四年（1878）二月，吴大澂游虞山、访友人，逗留十日，时值赵烈文的"静圃"落成，赵邀吴游园并宴饮。吴大澂归后写《静谿图》以答谢。园内以水景取胜，景点皆环池而构，亭台楼阁，参差错落。一座三进院落"能静居"南向，西面建单孔石拱桥名"柳风"，城河之水自柳风桥引入，名"静谿"。水面之上有九曲石板桥，池边老柳盈堤；静谿之北，南向有楼名"天放楼"，为赵烈文藏书之处。此图真实记录了光绪初年常熟赵园景象，极具研究价值。

3

吴铣　渔家乐图扇页

清
金笺，设色
纵 23.5 厘米，横 51.3 厘米
常熟博物馆藏

题款：夜来梦拾生花笔，为写江边渔乐图。戊辰五月望后三日，为季昇四兄大人雅拂。石亭吴铣。

钤印：白文方印"见笑"、半朱半白连珠印"吴铣"。

吴铣，字石亭，生卒年不详，江苏常熟人，擅山水、人物。

此扇面布局巧妙，人物多达十余位，各具姿态，表情生动。芦苇丛生的江边，两株柳树垂下嫩绿的枝条，两艘渔船横卧停泊，渔网、鱼竿、鱼篓等渔具有序地安放在一旁，描绘捕鱼归来之后，渔家欢乐团圆的场景，渔父三三两两围坐船头对饮叙谈，神情闲适。三位儿童穿插其中，四位渔妇或托腮聆听，或盆中洗手，或逗引幼儿，气氛欢乐和谐。

4
王庆芝　虹隐庐著书图横披

近代
纸本，设色
纵 22.5 厘米，横 124.4 厘米
常熟博物馆藏

题款：虹隐庐著书图。乙丑长夏写此，奉少逵仁兄大人鉴正。睡公弟王庆芝。

钤印：朱文方印"瑞峰书画"、白文方印"石谷后人"

王庆芝（1864—1946），字瑞峰，号采山、睡老人，江苏常熟人。王翚八世孙，山水遵家法，偶仿吴历，得其意境。花卉、人物似金农、罗聘。辑有《来青阁题咏汇编》。

此图属写实之作，描绘晚清常熟学者徐兆玮藏书著书处——虹隐庐及其周边风景。画中远处山丘起伏连绵，近处林木茂密，湖边建有几楹水榭，平静的湖水中浮着一叶小舟，充满诗情画意。画面中部有一组屋庐掩映在青山绿水之间，正是虹隐庐的所在，庐内有一文士伏案著书，庐前布置假山，庐后有连廊通向一座二层小楼，周围遍植芭蕉和花木。一座木桥连通了园子内外，园外水田一片青绿，环境十分清幽，令人心旷神怡。

第三单元　塑造山水城市

山水舟行远——江南的景观

5
袁鹤　人物图册

清代
纸本，设色
纵 31.7 厘米，横 29.5 厘米
常熟博物馆藏

题款：无。

钤印：白文方印"袁鹤"、朱文方印"屺樵"。

袁鹤（？—1860），字屺樵，江苏常熟人。从毕琛游，工人物，长于摹古，晚年画山水得石谷笔意。

此开画面以青绿山水为背景，近处一亭榭临水而建，仕女倚坐亭中，闲看童子乘舟采菱，呈现出恬静的田园生活。

结束语

山水有灵，居而有境。江南的秀丽景观是在优越的自然环境基础上，经历代有序的开发、经营，逐步而成的，彰显着自然与人文和谐交织的智慧。回望江南历史，传承山水精神。

绿水青山即是金山银山，在尊重自然的前提下，结合山水环境，探索当代城市理想的人居格局。将江南人民亲近山水、热爱山水的审美追求根植在城市营建理念之中，方能"人与天调，然后天地之美生"。

图书在版编目(CIP)数据

山水舟行远：江南的景观／吴中博物馆
（吴文化博物馆），常熟博物馆编．-- 上海：上海古籍出
版社，2024.5
ISBN 978-7-5732-0947-4

Ⅰ．①山… Ⅱ．①吴… ②常… Ⅲ．①文物－中国－
图录 Ⅳ．① K870.2

中国国家版本馆 CIP 数据核字 (2023) 第 214646 号

山水舟行远——江南的景观

吴中博物馆（吴文化博物馆）
　　常熟博物馆　　　　　　　编

上海古籍出版社出版发行
（上海市闵行区号景路 159 弄 1-5 号 A 座 5F　邮政编码 201101）
（1）网址：www.guji.com.cn
（2）E-mail：guji1@guji..com.cn
（3）易文网网址：www.ewen.co
上海雅昌艺术印刷有限公司印刷
开本 889×1194　1/16　印张 14.75　插页 2　字数 150,000
2024 年 5 月第 1 版　2024 年 5 月第 1 次印刷
ISBN 978-7-5732-0947-4
K·3509　定价：138.00 元
如有质量问题，请与承印公司联系